心の科学のための哲学入門 3

現象学的身体論と特別支援教育

インクルーシブ社会の哲学的探究

河野哲也 著

北大路書房

目次

はじめに　なぜ身体を見直す必要があるのか

哲学者の特別支援教育との出会い

本書の目的は、現象学の立場から、身体とは何かを見直し、その考え方を障害のある人たちのための教育やリハビリテーション、福祉に活かすことにあります。そして、最終的に、現象学に生態学的心理学を加味した「生態学的現象学」の観点に立った教育学を提案したいと思います。

本書の趣旨をもう少し詳しく説明するには、個人的な事情かもしれませんが、筆者と特別支援教育との関わりについてお話ししたほうがよいと思います。

筆者は、哲学と倫理学を専門としていて、哲学専攻の大学院を修了しています。専門は、現象学と心の哲学と呼ばれる分野です。哲学に慣れない方にはあまり聞いたことのない分野かもしれません。

最初の「現象学（phenomenology）」とは、ドイツの哲学者、エトムント・フッサール（Edmund Husserl 1859–1938）が二〇世紀初頭に創始した現代哲学のひとつの分野であり方法論です。後に詳しく説明しますが、一言で言えば、現象学とは、当事者が経験している世界を、経験しているそのままに記述しようとする試みです。こうした当事者の視点からの経験の記述は、「主観的」と見なされて、客観的であることを自称する科学では取り上げられませんでした。それに対して、現象学は、当事者の立場からの記述の重要性を説き、心理学や精神医学、看護、社会学、文化人類学、美学など広い範囲の人文社会科学で応用されてきました。しかしながら、残念なことに、教育の分野では、少数の例外を除き、現象学という方法や観点はほとんど関心を持たれませんでした。

二つの目の専門である「心の哲学（philosophy of mind）」は二〇世紀後半に英語圏を中心に発展してきた現代哲学の一分野です。「哲学的心理学」という呼び方もされるのですが、心と体はどう関係しているのか（心身問題）、心とは何か、心の科学はどのような方法をとるべきなのか、脳はどういう働きをしているのか、コンピュータと人間の心はどこが違うのか、などといった心理学や認知科学の基礎に当たる部分を研究する哲学の分野です。心の哲学は長い西洋哲学の伝統に根ざしていますが、とくにこの四十年ほどで盛んになってきました。この分野も、心理学、認知科学、コンピュータサイエンス、ロボット工学などの比較的に自然科学に近い方法論をとる心の科学と結びつきながら発展してきました。

現象学も心の哲学も、どちらも、人間の身体と心の関係を問題の中心に置いた分野です。現象学は、最初はドイツ語圏、次にフランスで実存主義的現象学として発展しました。心の哲学は、イギリスやアメリカなどの英語圏が中心となって発展してきました。しかし最近では、二つの分野が融合し始め、研究者も北欧やオーストラリア、東アジアなど世界的に広まる傾向にあります。

さて、私は大学院でこうした分野を研究しながら、同時に心理学の講義やゼミナールにも継続的に出席していました。そこである心理学の先生からのご紹介で、神奈川県横須賀市にある国立特殊教育総合研究所（当時、現在は、独立行政法人国立特別支援教育総合研究所）の特別研究に研究協力者として参加する機会をいただきました。参加したのは、一九八九年から六年計画の特別研究「心身障害児の運動障害に見られる課題とその指導に関する研究」（研究代表者、笹本健）です。

この特別研究のテーマは、脳性まひを含めた重度・重複障害児と言われる子どもたち、さらに、発達障害、とくに自閉症のお子さんたちの運動を改善する教育方法を開発するというものでした。

脳性まひとは、受精から生後四週間までの間に生じた脳の非進行性の障害に基づく運動機能の障害と定義されます。運動や姿勢に不具合が生じますが、脳損傷に起因する中枢性の障害ですので、四肢の筋肉や骨、内臓には問題がありません。非進行性ですので、障害は永続的ですが、障害そのものは悪化しません。ただし、継続的な運動障害の結果、たとえば、骨がゆがむなど二次的な問題が生じることがあります。運動のみに障害があり、知能に問題のない場合もありますが、脳損傷が広範囲にわたる場合には知能にも問題が及びます。

分類としては、大脳基底核の損傷によって生じるアテトーゼ型と、大脳上部にある一次運動野の損傷によって生じる痙直型が代表的です。アテトーゼ型では、運動の抑制がきかなくなり、身体をゆっくりとねじるような不随意運動が生じます。非対称的な緊張性頸反射が生まれ、発語や発声の運動障害が生じます。この不随意運動の結果、脊柱の湾曲、頸部変形が生じることがあり、呼吸障害を併発することもあります。もうひとつの痙直型では、全身の筋緊張の亢進を特徴として、運動は乏しいことに特徴があります。痙直型では全身の筋緊張ゆえに運動が思い通りにできず、焦りからさらに緊張を増大させるような循環が生じます。加齢によって四肢屈曲拘縮が進むことがあり、骨粗鬆症も合併しやすいのです。

他方の自閉症は発達障害に分類されます。発達障害とは、先天的要因、あるいは、幼児期に生じた疾患や外傷の後遺症と見られるさまざまな要因によって、乳児期から幼児期にかけて症状が現れ始める発達遅延を指します。精神障害のみならず、知的障害や運動障害を伴うこともあります。発達障害には、自閉症スペクトラム、学習障害、注意欠陥・多動性障害などが含まれます。

後に詳しく述べますが、自閉症については、私がこの特別研究に関わっていた当時、つまり、九〇年代初めとはずいぶん医学的な定義と位置づけが変わりました。二〇一三年にアメリカ精神医学会（APA）の『精神疾患の分類と診断の手引（*DSM : Diagnostic and Statistical Manual of Mental Disorders*）』が十数年ぶりに、DSM-IV-TRからDSM-5へと大きく改訂されました。とくに自閉症を含む発達障害の項目には、定義上の大きな変化が見いだされます。DSM-IVは一九九四年に公表され、その修正版であるDSM-IV-TRは二〇〇〇年に公表されています。

自閉症は、その原因によってではなく、行動上の特徴で定義される症候群です。自閉症は、ダウン症のように何か特定の遺伝子上の原因（ダウン症は、二一番目の染色体がひとつ多い「21トリソミー」に関係している）と対応しているわけではありません。自閉症は、単一の症候群というよりも、幅のあるスペクトラム（連続体）をなしていて、症状が以前に考えられていたよりも均質な共通特徴を持っているわけではないことが分かったのです。★1 自閉症研究で著名なローラ・ウィングは、自閉症スペクトラムという概念を提案しました。★2 ウィングは、自閉症スペクトラムを、①社会的相互交渉の障害、②コミュニケーションの障害、③想像力の障害、④反復した常同的動作、の四つを特徴としてあげています。この定義は、DSM-IV-TRにも部分的に反映されています。

しかし、ウィングの定義もDSM-5ではそのまま採用されていません。今度の新しいDSM-5による自閉症スペクトラムの定義では、話し言葉の遅れや言語的コミュニケーションの欠如など、話し言葉に関する項目が診断の条件から外されています。DSM-5では、自閉症スペクトラムは、社会的相互交渉の障害と行動や興味の狭さが幼児期から表れる障害として定義されていて、ウィングの定義のうち、②の一部（言語的コミュニケーション）と③は落とされています。自閉症と見なされる人でも、言語的コミュニケーションができる人がいるし、話せなくても書ける人もいます。さらに、想像力の欠落というのは、共通の特徴ではないことが分かってきました。権威のある研究者の定説でも、一〇年もたてば変更を余儀なくされます。これは、発達障害を理解していくことの難しさを示していると言えます。人間の持つさまざまな問題は、箱にでも入れるように分類できるわけではないのです。スペクトラム＝連続体とはこうした特徴の幅広さと、健常とされる人とも連続していることを表現した概念です。

さて、話を戻すと、自閉症のあるお子さんたちは独特の身体運動上の不具合、不器用さを抱えています。たとえば、うまく運動がコントロールできなかったり、同じ動作を繰り返したりといったようにです。私たちの特別研究は、脳性まひによるにせよ、発達障害に起因するにせよ、運動障害を被った子どもたちへの教育とリハビリテーションがどのようにあるべきかを検討し直すという趣旨で始まりました。

治療ではなく発達を

なぜ、運動障害を支援する教育とリハビリテーションを検討し「直す」必要があるのでしょうか。それは、お子さんたちの診断と教育の方法論に、現場の先生方、保護者の方、そして何よりも本人たちから不満や不信の声が上がっていたからです。どのような不満かと言えば、教育やリハビリの効果に対する疑問である以上に、教育やリハビリが最終的に何を目指したものなのかが見えないからです。

脳性まひや発達障害は脳の問題に起因する障害です。これらの脳の問題を「治療」する脳科学的な方法は、現在、存在しません。脳に外科的に治療してみたり、脳に変化をもたらす投薬をしてみたりといった方法によってそれらの障害を「治す」ことは、おそらく今後ともきわめて難しいと思われます。それらの障害は、もし仮にそれが脳神経の問題であると捉えたとしても（後で示すように、本書では障害とは単純に本人の内的な問題に帰することができず、環境と当人の活動とのミスマッチから生じるものだと捉える立場をとります）、そこには環境との間で常にインタラクションしているきわめて複雑でダイナミックな脳神経活動が関わっていると想定されます。その問題を改善することは、コンピュータの配線をつなげたり、コンピュータソフトのバグ（ミスプログラム）を取ったりする作業とはまったく異なります。仮に何かの損傷箇所がある程度突き止められても、生物の脳を機械のように「修復」することはできないでしょう。

実際に、自閉症スペクトラムのような発達障害のためのリハビリテーションや教育法としては、TEACCH（Treatment and Education of Autistic and related Communication handicapped CHildren）[★3]やソーシャルスキルトレーニング[★4]、感覚統合療法[★5]などの心理学的（認知的・行動的）なリハビリテーション、あるいは教育法が中心です。現代の脳科学では根本的な原因を取り除くという意味での治療は不可能です。精神科の医師であり、脳波やNIRSで研究を行っている渥美の以下の発言は妥当だと思います。「教育の分野で何か困ったことがあると、脳科学がなんとかしてくれるのではないかと言われても、それは難しいです。確かに、脳科学は急速に進歩していますが、まだ教育現場での問題

を解決するまでには至っていないと思います」。★6

それ以前に「治す」という考え方そのものが問題です（以下では、どのような障害であっても、それを「直す」もの、「治療する」ものとして捉える考え方を、障害の「医療モデル」あるいは、「治療モデル」と呼ぶことにいたします）。というのも、脳性まひや発達障害も発達が阻害されて生じる問題なのですから、発達の過程を「治す」と表現すること自体が適当ではないからです。おそらく、医学の最も基本的なパラダイムは、伝染病の病原菌を取り除くことでした。かつて人類の最大の敵は、コレラやペストのような感染力が高く、治療手段のなかった時代には致死率の高い伝染病でした。ペスト菌を取り除けば、人は健康な状態に戻ります。この取り除くべき病原を見つけることが、長い間、医学の中心的な研究テーマだったのです。

しかし、脳性まひや発達障害は発達上の問題であって、コレラなどと同じような意味で病気と呼ぶことはできません。脳損傷を、それを取り除けば健康になるというような意味での病因と呼ぶことは、カテゴリーの誤りです。治療とはマイナスの状態になったものをゼロ（に近い）状態に回復させることだと言えるでしょう。骨折の治療は、元通りに骨がつながることです。しかし発達上の障害に関して言えば、回復させるべき原状というものがありません。運動の障害を「取り除く」というのは、他人並みに走れるようになることを言うのでしょうか。他人と同じになるのが、その人の「原状」だというのは、何かが概念的におかしくないでしょうか。

運動は治療するものではなく、発達させるものです。運動障害と呼ばれているものは、定型の発達をする人たちと比べて発達が異なっているということです。したがって、原因を取り除こうとするタイプの医療はこうした対象には意味をなしません。医師が行うことは、この狭い意味での「治療」ではなく、障害を何らかの形で改善し、よりよく生きていくための訓練・リハビリテーションであるはずです。[☆1] 医師の診察で麻痺のタイプと程度および発達の程度を評価して、それに合った治療と訓練の目標を決めます。リハビリテーションという言葉は、もともとラテン語で、「再び（re）「適切な状態（habilis）」になること」を意味します。[☆2]

☆1：脳性まひで言えば、筋緊張を和らげる薬物療法や、足の変形を治して筋肉の緊張を和らげる整形外科による手術療法がありますが、これらは副次的・二次的に発生した問題を取り除くための治療と言ってよいでしょう。

☆2：このリハビリテーションの「再―適切化」という意味を考えると、先天的ないし幼児期からの障害の改善に対して「リハビリテーション」するという言い方はふさわしくなく、「ハビリテーション」とすべきだという意見もありますが、本書では、方法論ややり方などに根源的な違いがないことから、リハビリテーションという言葉を使うことにします。

訓練とリハビリの問題点

では、リハビリテーションが目指すべき、「適切な状態」とは何でしょうか。どこに向かって運動を改善させればよいのでしょうか。どのように発達させればよいのでしょうか。

従来、運動改善のための訓練やリハビリテーションとして、基本的動作能力の回復を図るために、筋肉の緊張を緩和させたり、移動する機能を向上させたりする方法が用いられてきました。もちろん、これらの方法が有効である場合もあるのですが（とくに大人相手のリハビリの場合）、脳性まひの当事者であり、小児科医でもある熊谷晋一郎が子どものころに受けていた訓練は有効とは言えないものでした。引用します。

キャンプ中のトレイナーは、その後も私のつたない動きを許してくれなかった。どこをどのように動かしたらいいのかまったくわからずに動けなくなっている私に、トレイナーは徐々に苛立ちを募らせてくる。そして、さっきまで私には姿かたちの見えなくなっていたトレイナーが、突然眼前にその巨大な体を現して、ふたたび課題訓練前のように私の体を組み伏せてストレッチをする。しかし今度は課題訓練前とは異なり、思い通りの形になってくれない私の身体に対して、粘土細工を正しい形にするように物理的に介入してくるのである。私の体に対する苛立ちが、トレイナーの一挙手一投足から伝わってきて、私は体をこわばらせる。…私の身体とトレイナーの身体は融和するものにはならず、その間には境界線がしっかりとある。痛覚は過敏になっていて、少し触られただけでも「痛っ！」と声が出る。そんな私にトレイナーの苛立ちは増し、ぐいぐいと暴力的に押したり引っ張ったりしてくる。ここに快楽はない。あるのは、痛みと怯えと怒りだ。★7

私が上記の特別研究に参加し、特別支援教育☆3の研究者や教員たちとさまざまな訓練・リハビリの現場を訪れたときに見たのも、引用で熊谷が述べているのとまさしく同じ風景でした。このトレーニングが厳しく「暴力的」なのは、子どもにどうしても何かを獲得させようとする訓練や教育そのものが本質的に暴力的だからではないのか、私にはそう思えました。

☆3：文部科学省のホームページによれば特別支援教育とは次のようなものです。「「特別支援教育」とは、障害のある幼児児童生徒の自立や社会参加に向けた主体的な取組を支援するという視点に立ち、幼児児童生徒一人一人の教育的ニーズを把握し、その持てる力を高め、生活や学習上の困難を改善又は克服するため、適切な指導及び必要な支援を行うものです。平成19年4月から、「特別支援教育」が学校教育法に位置づけられ、すべての学校において、障害のある幼児児童生徒の支援をさらに充実していくこととなりました」。http://www.mext.go.jp/a_menu/shotou/tokubetu/main.htm

二〇〇四年に封切りになったイタリア映画に『家の鍵（*Le chiavi di casa*）』という映画があります。イタリアの名誉ある文学賞、ストレーガ賞を受賞した作家、ジュゼッペ・ポンティッジャの半自伝的な『明日、生まれ変わる』という原作を、ジャンニ・アメリオ監督が映画化したものです。第六一回ヴェネツィア国際映画祭で三部門を受賞し、アメリカのアカデミー賞で外国語映画賞イタリア代表作品を受賞しました。

この映画は、若き日に出産で恋人を失った衝撃から、生まれてきた自分の子も手放してしまった父親のジャンニが、十五年後、障害を持った息子パオロと再会し、我が子への愛に目覚めていく物語です。筆者が注目したいのは、ジャンニが、何とかしてパオロの運動障害を改善しようとして、ドイツの病院まで連れていき、そこで歩行訓練を受けさせるシーンです。

科学的な測定装置が配備されたリハビリ病棟で、パオロはかなり厳しく、何度も何度も歩行訓練を受けさせられます。パオロは父親の期待に応えようとしてがんばるのですが、かなり苦しげです。それでも、その医師（研究者？）は、冷たいほどに訓練を続けさせようとします。ついにジャンニは、こんな訓練はやめてくれと医師に叫び、我が子を抱きしめます。形は違えども、熊谷の受けてきた訓練を彷彿させる場面です。この映画の本当に重要なシーンは他にもありますが、すばらしい映画ですのでご覧ください。（フランスやイタリアには、教育を題材にしたとてもよい映画がいくつもあります。

どれもリアルで、現実の問題に肉薄しており、感心します。）

近代科学による身体観

こうした訓練やリハビリのどこが問題なのでしょうか。そのひとつは、こうした訓練やリハビリ、さらにはそれに基づいた教育方法の根底にある想定です。すなわち、運動障害とは、身体のメカニズムの故障であり、そのメカニズムを修理すれば運動できるようになるというものです。基本的動作能力が回復すれば、どのような動作もできるようになるはずだというのです。

たしかに、骨折した足が元通りになれば、以前と同じように歩けるようになるでしょう。しかし、脳性まひや発達障害に見られる運動の不具合も、骨折の場合と同じように扱ってよいものでしょうか。たとえば、ある部分に過剰に緊張が入ってしまう脳性まひの子どもに対して、その部分の緊張を取る練習をさせ、その訓練に成功すると、他の行動もうまくいくのでしょうか。手の動きをなめらかにさせる基本動作を練習させれば、手を使ったあらゆる動作もうまくいくのでしょうか。

ここには、近代科学（近代自然科学と呼んだほうが適切かもしれませんが、ここでは近代科学と呼んでおきます）が人間を扱うときに生じる典型的な問題点が現れています。近代科学とは、一七世紀にガリレオやデカルトたちによって開始され、次いでニュートンをもって確立された科学を指しています。近代科学は、さまざまな点で革新的な知の形を提示しました。

まず何よりその方法論に特徴があります。近代科学は観測や実験という科学的な方法を用いて研究を行い、その観測や実験の手順に従えば、誰によっても再現可能であるように自然を切り出したことにあります。再現可能な自然の側面は予測可能でもあり、近代科学は予測可能な法則性によって自然を捉えようとします。この特徴は、近代科学以降、現代にまで持ち越されている科学的知の特徴と言えるでしょう。

近代科学は他にも特徴を持っています。それは、ニュートンの自然観を引き継いだ特徴です。ひとつは要素還元主義です。近代科学の完成者、ニュートンは原子論を支持しました。原子論とは、自然はすべて微小な粒子とそれに課される自然法則からできており、それらの粒子と法則だけが自然の真の姿だという考えです。自然の姿は、基本的な要素に分割することによって明らかになると信じられています。ここで言う還元主義とは、何かの現象は、それを分析し分割した部分、つまり要素の動きを総和すれば理解できるという考え方のことです。

ここから物心二元論という第二の特徴が生じてきます。二元論によれば、世界は、物理的なものと精神的（心的、心理的）なものの二つの世界に分けられます。本来、自然に実在しているのは、色も味も臭いもない原子以下の微粒子だけであり、色や味や臭いに満ちた世界は、心が作り出した主観的な世界ということになります。

物理学的世界は、人間的な意味に欠けた無情の世界です。それに対して、知覚される感性的な世界は、「使いやすいペン」、「美しい絵画」、「かわいい赤ん坊」、「気持ちの悪い虫」などの意味や価値のある日常物に満ちています。しかしこれは、私たちの心が対象にそうした意味を与えたからだということになります。こうして、物理学が記述する自然の客観的な真の姿と、私たちの心に映る主観的表象とは、質的にも、存在の身分としても、まったく異質のものと見なされます。

心と身体とは、ロボットとそのコクピット（脳）に乗り込んでいる操縦士のように区別される存在だということになります。デカルトは哲学者として有名ですが、天文学や生理学を研究する科学者でもありました。彼は、身体は物理的な法則に従う一種の機械であり、精神は物質的である身体とは独立の存在だと考えました。精神は身体からは独立なのですが、脳にその座を持ち、神経を通じて身体を運動させます。このデカルトの考え方は、心身二元論と呼ばれます。

物心二元論は、物理と心理、身体と心、客観と主観、自然と人間、野生と文化、事実と規範といった言葉の対の中に表れており、私たちの生活に深く広く浸透しています。日本における理系と文系といった学問の区別もそのひとつと言えるでしょう。

近代科学的身体観の問題

先ほど、運動障害に対する従来の考え方には、「障害とは身体のメカニズムの故障であり、基本的動作能力を回復すべきだ」という想定があると言いました。熊谷自身が経験した事例を見てみましょう。

課題訓練前に行われる体をほぐすためのストレッチと、課題訓練がうまくこなせなかったときに苛立ちとともに行われるストレッチとは、強引に身体に介入されるという意味では同じだが、前者に「ほどけと融和」があるのに対して、後者にあるのは「固まりと恐怖」である。トレイナーの動きは、私の動きとはまったく無関係に遂行されていて、私の体が発する怯えや痛みの信号はトレイナーによって拾われない。トレイナーは交渉することのできない他者、しかも強烈な腕力を持った他者として私の体に力を振るうのだ。私の体はやがて、じわじわと敵に領地を奪われていくかのように、トレイナーの力に屈していく。まず腕が、足が、腰が、一つまた一つとトレイナーの力に負け、ふにゃりと緊張が抜けていく。しかしそこには、折りたたみナイフ現象のときのような快楽はない。むしろ、腕や、足や、腰を、私の体から切り離してトレイナーという他者へ譲り渡すような感じだ。★8

このトレーニングの方法の根底にある考え方とは次のようなものです。すなわち、人間の行動は個々の運動から組み上がっており、ある部分的身体が故障して運動に問題が生じれば、その部分の故障を修復さえすれば全体もうまくいくと言うのです。この考え方が、近代科学に見られる要素還元主義であることはお分かりだと思います。先ほど言ったように、骨折の治療ならこの考え方でかまわないでしょう。しかし運動の発達、とくに中枢が関わる発達をこうした考え方によって捉え、還元主義の発想に立って、訓練、リハビリ、教育を行ってよいものでしょうか。

たとえば、運動障害の訓練では、腕に過大な緊張を持っている子どもに、腕をリラックスさせたり、腕だけを動かす運動を何度もやらせたりといったことをさせます。この練習がうまくいって、その場で腕をリラックスさせることができたとしましょう。この子どもは腕をリラックスさせることができたのだから、この後、腕を使う動作がすべてうまくいくか、というとそうではないのです。たとえば、腕をブラブラ動かしてリラックスさせる訓練によって、そのときは腕の緊張を取ることに成功するかもしれません。しかし、その子が鉛筆を握ったり、コップを持ったりすれば、たちまち腕に緊張が高まって動きが止まってしまうことがあるのです。腕をブラブラさせる訓練の文脈と、鉛筆でものを書き、コップで水を飲む日常生活の文脈はまったく異なります。前者での運動訓練に成功しても、後者の実生活の活動につながってきません。同じ腕の運動だから、その部分ができれば、それを使った運動動作はみなできるようになるということはないのです。

人間の運動は要素還元主義では理解できません。これまでの訓練やリハビリでは、あたかも身体は精神によって制御される独立の機械のように見なされ、身体運動は文脈を無視して分解され、その分解したパーツを後に組み立てさえすれば、複合的な運動になると信じられてきました。典型的に近代科学の分析的思考法を、人間の運動に当てはめたのです。

また従来の訓練は、腕をリラックスさせるという身体的な状態ができれば、腕を意思によって自由に動かすことができるはずだという想定に立っています。ちょうど、ロボットも腕が故障して、それが修復できたのだから、操縦者はうまくロボットを動かせるはずだという考え方です。この発想は、身体と心を分離して考える物心二元論になっています。もちろん、実際に訓練やリハビリを行っている医師や療法士は、心と体が別のものだと想定しているわけではないでしょう。しかし、彼らが採用している方法論には、身体と心を分離する想定が暗黙のうちに含まれているのです。すなわち、意図や努力といった心の働きが先に存在し、それが身体を動かしている。身体が故障しているので、純粋に身体の動きを改善さえすればよいという考えです。身体が治れば、心はすぐにそれを動かせるはずだというのです。こうした考え方は適切でしょうか。心と身体はもっと強く、別の仕方で結びついているのではないでしょうか。
そして、従来の訓練とリハビリの最大の問題は、訓練を受ける当事者、つまり教育ならば子どもの意思が尊重されないことです。『家の鍵』での厳しい訓練をパオロが何とか耐えていたのは、父親の期待に応え、喜ばせたいという気持ちでした。こうして教育は、しばしば子どもの意思に沿わない強制という形をとります。しかし、自発性のない、強制的にさせられる運動を行わせても、運動の発達は得られません。先の熊谷の引用箇所を見ても、「トレイナーの動きは、私の動きとはまったく無関係に遂行されていて、私の体が発する怯えや痛みの信号はトレイナーによって拾われない」と書かれています。

実際に、運動障害の支援と銘打たれた指導書や研究書を読むと、子どもの側の意思や関心は本来的には考慮されず、「筋緊張・筋短縮・硬化への働きかけ」、「姿勢の保持」、「姿勢変換」といったトレーニングの方法が示され、その後に、「書写」、「食事」、「排泄」、「更衣」、「入浴」といった日常生活動作の訓練法が紹介されてきます。まさに部分から全体へという考えです。そこには、子どもの側から発せられた信号をどのように拾い、自分の支援にどう活かすかに関する記述はほとんどありません。せいぜい、訓練に対する子どもの反応を理解してあげたほうがよいといった指示が漠然と書かれているだけです。通常の教育では教育者が配慮しているはずの子どもの側の自発性や意思は、ここではまったくといってよいほど触れられていません。★9 訓練やリハビリは、一方向的で強制的だと言われても仕方ありません。

この問題点も、物心二元論、心身二元論と結びついています。運動障害は物理的な身体の障害である、だから、その身体について自然科学的な知識を持っている専門家たちに、どのようにすべきかを決めてもらうほうがよい。トレイニー、患者、子どもは専門家の指示に従えばよい、というのは、これは治療だからである。こうした科学による教育の主導は、物心二元論と深く結びついています。科学的であるということが、当事者、すなわち、子どもの意思の排除の理由となってきたのです。

国立特殊教育総合研究所の笹本健を中心とするグループは、以上に述べたような近代自然科学の身体観の問題点に気づいていました。その問題点とは、今述べたように、要素還元主義と物心二元論です。そこで、望ましい教育とリハビリテーションのあり方を考えるには、身体観から抜本的に考え方を変更しなければならないということになったのです。そして身体観の変更は、同時に治療や訓練や教育のあり方を問い直すことでもあり、それは、専門家と当事者である子どもや保護者との関係をも問い直すことでもあります。身体観の問い直しは、治療や教育の問い直し、最終的に社会的関係の問い直しにつながっていきます。

従来の自然科学は、身体運動を外側から第三者的に分析します。筆者が、研究所の特別研究に参加を求められたのは、身体とその運動を、運動する当事者の立場に立って、自然科学とはまったく異なった主体の視点から捉え直すためでした。そのために、現象学は有益な観点を提供できると思います。医学的で自然科学的な見方が支配的であった運動障害教育の分野に現象学的身体論の視点を導入することが、筆者のすべきことでした。本書は、その宿題に対するささやかな答えのつもりです。

したがって、本書は、現象学や心の哲学、あるいは、哲学的心理学と呼ばれる立場から身体に関するこれまでとは異なった見方を提示することを目的としています。本書では、現象学的な観点を、さらにジェームズ・ジェローム・ギブソンに始まる生態心理学（エコロジカル・サイコロジー）の観点と融合させて、「生態学的現象学」という立場から、特別支援教育についての提案を行いたいと思います。生態心理学における「生態学的（エコロジカル）」とは「環境保護」という派生的な狭い意味ではなく、生き物の活動をつねにその棲み家（ニッチ）との相互作用の中で捉えようとする立場のことを言います。後に詳しく述べますが、この立場は、知覚し運動して世界を生きている主体としての当事者の視点をとり、人間のあらゆる能力は環境と身体的主体のマッチングにおいて成立するという考え方を徹底して追求します。障害のある子どもや大人たちのリハビリや教育には、この生態学的な視点と、本人の経験に基づく現象学的なものの見方が有効だと思います。

これと結びついてさらに強調したいことは、当事者自身が自分の障害を把握し、自分でそれへの対処法を作り出していくことの重要性です。本書は、脳性まひから来る運動障害と自閉症スペクトラムを中心のテーマにしていますが、ほとんどすべてが当事者の経験とその経験についての語りをもとにして論じています。もちろん、医学や教育学やリハビリテーションの専門家の見解も大いに参考にしていますが、基本的にある障害がどのようなものであるかは、できる限り当事者の口から発せられたものを参照しています。後に述べますが、現象学が求められているのは、まさしく当事者の経験を記述するひとつの重要な方法だからです。そして、「当事者研究」という試みの重要性を訴えたいと思います。ここで言う「当事者研究」とは、「浦河べてるの家」と浦河赤十字病院精神科において開始され、現在では、日本各地で実践されている精神障害当人とその家族自身による一種の自助プログラムのことです。それは、当事者同士で互いの障害を「研究」し、共同して障害への対処法を工夫していこうとする共同的自助のことです。本書で繰り返し取り上げる熊谷晋一郎と綾屋紗月の研究は、べてるの家の実践に触発されたものです。

本書は、哲学的で理論的な前半とより実践に近い後半の二部から構成されています。前半の理論編では、現象学とは何で、現象学的な観点から身体を論じるとはどういうことか、またそれはギブソンに代表される生態心理学とどのように結びついていくのかを述べます。また、教育の目的とはそもそも何であるのかを視野に入れながら、従来の教育が基づいてきた学習観と発達観についても批判的に検討します。そして、表現がどこまでも身体的なものであり、同時に身体はそれが生きている限り、すでに表現があることを主張します。そして、身体的な表出を表現へと開発し、身体の持つ表現力やコミュニケーション力を活かした教育について論じます。

第二部は「実践編」と称して、まず、脳性まひの当事者である熊谷晋一郎、稲原美苗による研究を参照しながら脳性まひとはどのような経験であるかを現象学的に明らかにしていきます。次に、綾屋紗月による当事者研究、東田直樹による当事者経験の記述をもとに、自閉症スペクトラムとはどのような障害であるのかをやはり現象学的に明らかにしていきます。これらの論述を通して、当事者による身体の現象学が、なぜ特別支援教育やリハビリテーションにとって有効なのかについて示していきたいと思います。最終的に、障害のある人たちのための教育やリハビリテーション、福祉においては、何よりも当事者の経験に立つことの重要性を指摘し、べてるの家に始まった当事者研究を教育の中にも組み込んでいくべきことを提案します。

本書は主な読者として、教育学や心理学の学生、さらに特別支援教育や教育一般に関わる教師を想定していきます。できる限り難解な哲学用語は使わずに、この分野に関心のある人ならば誰にでも読めるような分かりやすい文章を心がけています。

そこで、まず次に現象学という哲学の考え方を紹介し、その立場から身体がどのように捉えられるのかを説明していきたいと思います。

理論編

第一章 現象学的身体論

現象学とは何か

前章で述べてきたように、自然科学的な身体観は身体を一種の機械のようなものとして扱い、環境に向かい合う主体的な観点から運動を捉えていませんでした。発達する子どもの観点に立ちながら運動発達を援助するためには、子どもの運動の経験を記述し、それに基づいた支援が行われなければなりません。そこで、有効に思われたのが現象学の視点です。では、現象学とはどのような哲学の立場なのでしょうか。

現象学とは、二〇世紀初頭に、ドイツの哲学者であるエトムント・フッサール（Edmund Husserl 1859～1938）によって創始された哲学を言います。現象学は、最初はマルチン・ハイデガー（Martin Heidegger 1889～1976）やマックス・シェーラー（Max Scheler 1874～1928）などドイツ語圏を中心にして展開し、戦後は、フランスにおけるジャン・ポール・サルトル（Jean-Paul Sartre 1905～1980）やモーリス・メルロ＝ポンティ（Maurice Merleau-Ponty 1908-1961）など実存主義的現象学として新しい発展を遂げます。日本でも独自の発展を遂げ、現在では世界中に広まり、北米や北欧、東アジアに新しい潮流が生まれています。

先に触れたように、現象学は、人間の経験を記述し、分析するひとつの方法論であり、哲学の範囲を超えて、心理学、認知科学、精神医学、看護学、社会学、美学など人文社会科学の分野に広く影響を及ぼして、今日に至っています。

現象学という思想運動を説明し、個々の現象学者を紹介するには、本書の範囲として手に余ります。ここでは、運動障害に関係する現象学的身体論に焦点を当てて、現象学の基本的な発想を説明したいと思います。

フッサールの問題意識は、一九世紀終わりから二〇世紀にかけて自然科学が、精神科学と呼ばれる領域に乗り出したことにあります。最晩年の著作『ヨーロッパ諸学の危機と超越論的現象学』★1に詳しく論じられているように、自然科学は、自然の変化を数学的な法則性として解明することに次々と成功を収めるようになりました。

同じ手法が、人間の身体にも適用され、生理学や医学において人体のメカニズムがだんだんと明らかになってきました。人間の精神も、かつて信じられていたように神秘的な魂の働きではなく、脳神経の働きなのだとすれば、やはり自然科学的な手法で人間の精神的な世界は解明されるのではないかという考え方がこの時代に広まりました。単純化して言えば、生理学や医学といった自然科学によって人間の心の動きは理解できるはずだと考えられるようになったのです。心理学においても、物理学を模範として、人間の心を量的・統計的に測定する傾向が生まれました。たとえば、質量や、エネルギーなどの科学的概念を、色、音、味などの人間の知覚している感性的な性質に適用し、量的に測定しようとします。

このような時代の流れに合って、フッサールは、自然科学的方法の問題点を指摘します。自然科学は、世界を数学的によって抽象的に捉え、量的に測定しようとします。しかしながら、私たちが経験している世界は具体的であり、質的な性質に満ちています。音を空気の振動数として測定したときには、さまざまな音が量の違いにすぎないものになってしまいます。しかし、科学的には振動数の違いとしてしか表現されない音は、私たちには質的に区別された音色として聞こえてきます。色彩も同じです。青と紫は、単なる光の波長の量的にすぎない違いではなく、質的に異なるものです。

科学によって記述された世界とは、私たちが具体的に身体によって生きている日常的な世界（これを「生活世界」と呼びます）を抽象化して、量的に測定した世界です。科学的に捉えられた世界に欠けているのは意味です。あらゆる学問を自然科学化してしまえば、人間的であるはずの生活世界から感性や意味を剝奪することになります。科学的操作は、意味に満ちた生活世界と、意味によって動機づけられた人間の行為を理解することに失敗してしまいます。ヨーロッパの人間諸科学は非人間化という「危機」に直面していると、フッサールは考えました。

それでは、私たちが暮らしている意味のある世界、つまり生活世界とは、どういう世界でしょうか。フッサールによれば、生活世界とは、私たちの心の働きである志向性によって意味を与えられている世界のことです。私たちが当たり前に接しているこの世界は、じつは私たち自身によって意味を与えている世界だというのです。フッサール現象学の最も中心的な課題は意味の問題をどのように扱うかにありました。たとえば、私たちの目の前にある樹木は、形にせよ、色にせよ、さまざまな現れ方をします。しかしながら、その変化の最中にもひとつの「樹木」としての意味を保っています。このように、現象の世界においては、「同一のもの」が「さまざまな現れ方」をするのですが、その「同一のもの」は、個々の現象を超えた同一性を保っていなければならないとフッサールは考えたのです。

そうしたさまざまな現れ方に統一を与えるのが、志向性の働きです。私たちの自我は、感覚データとして与えられたさまざまな現れを、〈あるもの〉として解釈し、意味づける働きをするというのです。この意味づける働きが志向性です。たとえば、私たちは、眼の前にある茶色くてざらざらした、しっかりしているけどある程度の柔らかみを帯びたものを、樹木の「幹」として解釈しながら知覚しています。幹はいろいろな現れ方をしますが、それを樹木の幹のさまざまな現れとしてまとめあげています。この解釈の働きが、対象に意味を与える志向性なのです。同じ対象でも、私たちは異なった意味づけをします。大人にとっては「階段の手すり」として解釈されるものが、子どもにとっては「すべり台」として解釈され、異なった意味を与えられます。

フッサールは、人間科学（精神科学）の探求を行うためには、自然科学的世界から生活世界へと回帰することの重要性を訴えます。まず、私たちが日常生活を送っている世界がどのような意味を持った世界なのかを記述し、そこから遡って、私たちがどのように対象を意味づけているのかを分析すべきだというのです。

これが現象学の中心をなす考えです。現象学とは、私たちが経験しているままに世界を記述し、世界の中のさまざまな対象がどのような意味を担っているかを主体の立場から理解しようとする立場です。

主体としての身体

さて、自然科学的な観点からは、人間の身体は一種のメカニズムにすぎません。身体は医療にとっては治療の対象であり、生理学にとっては実験的操作の対象です。ですが、私たちは身体を「内側」から生きており、「生きている身体」とは主体である私たちの存在そのものに他なりません。

私たちの身体は私たちにとって与えられた条件です。条件というのは、たとえば、私の体力には一定の限界がありますし、鳥のように飛ぶことも、魚のように早く泳ぐこともできません。他の人と比べても、少々寒がりで、寒いところに人一倍弱く、お腹を壊しやすいなど、さまざまな制約を持っています。とはいえ、その条件をある程度まで自分で変えることもできますし、乗り越えることもできます。また身体は、何かの仕事をするための道具のような存在でもあります。かといって、道具のように捨てたり、取り替えたりすることはできません。身体は自分の自由になるようにも思えますが、どうにもできない宿命のようなものでもあります。私たちの身体は、他の人の身体と互いにかなりの程度似ていますが、それでもそれぞれに強い個性があり、他人と交換できるものでもありません。

先ほど、私たちは身体を内側から生きていると言いましたが、身体の外面は私たちにとってとても大切です。自分の身体がどのように人に見えるかを私たちはいつも気にしていますし、他者が自分をどう見るかによって、善くも悪くも自分が何者かが規定されてきます。こうして私たちは、身体によって他者とつながっています。

また、身体は習慣を獲得することができます。文化や社会の制度を身につけるのも、こうした身体的な習慣によってです。私たちは、新しい環境に身体的に適応し、異なった土地の習慣や感性も身体的に、文字通り、身につけていきます。しかし他方で、身体的に獲得した習慣は重い重力のように変化を拒むことがあります。自分の考え方を変えても、自分の身体がそれを拒否するかのように感じる場合もあります。たとえば、食習慣はなかなか変えるのが難しいですし、寝起きの習慣を変えると何となく身体の調子も悪くなります。

このように私たちは日常の生活世界を身体によって生きています。私たちの経験の主体は、抽象的な思考をする精神であるより、具体的な状況に生きる身体です。私たちは、社会的・文化的な生活を送っていますが、今述べたように社会規範や文化的習慣を身につけていくのも身体です。言葉の獲得を考えてみてください。言語は、文法と辞書に載っているような語彙でできていると言われますが、そうした規則はむしろすでになされている言葉のやりとりを後付けに整理したものにすぎません。私たちは、人間的な交流の中で習慣的に言葉を学び、理論的・規則的ではなく感性的な仕方でその組み立てや意味を学びます。母語であれば、文法書や辞書などなくても感覚的に言語の使用法をマスターしています。

生活に組み込まれている文化的・社会的な意味も、こうして身体的な直接経験の中に書き込まれていきます。現象学の観点に立てば、身体は生活世界を意味づけるのに中心的な役割を果たします。

身体による認識は、五感を使った知覚です。知覚することによって私たちは、世界を最初から、無自覚的に意味づけながら捉えます。たとえば、「(今日の天気は) 暑い」という感覚を考えてみましょう。それはひとつの判断ですが、摂氏三五度という科学的測定とはまったく異なります。いまの外気は私にとって暑いのです。私は北国生まれです。いつでも三〇度を超える場所に生きてきた南国生まれの人に比べると、私は暑さに弱いのです。とくに、いままで私は冷房の効いた部屋にいました。これがずっと外で働き続けていたならば違ったでしょうが、先ほどまでの涼しい部屋に比べてとくに暑く感じます。この日の暑さは、誰でもなく、他ならぬ私にとって、とりわけ今日の私の身体状態にとって暑いのです。私の感覚器官は、他の人のためではなく、自分のために、自分と環境との関係を知るようにできています。岩のように丈夫な人なら、同じ衝撃でも、身体のか弱い人に比べると痛みをあまり感じないかもしれません。身体の弱い人が丈夫な人と同じ痛覚を持っていれば、ケガをするばかりでしょう。感覚することと、知覚することは、自分の身体を基準として外界を測定することです。科学的な気温測定のように、分子の運動量を基準にして外界を測定することとはまったく違います。前者を主観的として退け、後者を客観的として信頼するのは、もともと比較することに意味のない異なったカテゴリーを混同しています。

身体は方向性を持ち、非対称的にできています。前後、上下、左右といった空間の基本的な非等価性は身体の非対称性に基づいています。ニュートン物理学では空間は等質均質です。それに対して、身体によって把握される空間では、方向はまったく異なった意味を担っています。たとえば、前と後ろなどという区別は、ニュートン物理学の空間ではありませんが、この区別は私たちにとって大きな意味を持っています。私たちの身体に方向性があるということは、世界に隠れた部分、見えていない部分を含んでいることを意味します。私たちは、自分が見ているもの、触れているものが、世界の一部分にすぎず、知覚されている部分の先にさらに世界が広がっていることを分かっています。前を見ているときには、真後ろは見えませんし、手が回らないので後ろにある物は身体を動かさずには触れません。自分の知覚しているものが世界の一部にすぎないことが、身体が方向性を持っているという事実につねに付随しているのです。

私たちの身体の持つ物理的であると同時に生物学的な特性は、私たちを囲んでいる環境に意味を与える役割を果たします。身体の大きさ、背の高さによって、歩いて渡れる川の深さは異なってくるでしょう。とすれば、同じ川が、小さな人には越えられない崖のようなものとなるでしょうし、大きな人には窪み程度にすぎなくなるでしょう。移動するための地図が異なってくるのです。逆に小さな人にとっては、雨宿りできる隠れ場所が、大きな人には何の役にも立たないでしょう。皮膚が樹液にかぶれやすい人にとっては、森は皮膚を露出したままでは通過できない場所でしょう。しかし、そうでない人には、通常の移動空間になります。その森はある人にとっては通過できない場所、他の人には移動通路となるのです。私たちの身体が、それぞれに物理的・生物学的な特性を持っていることによって、環境に意味が与えられます。樹液は化学的な成分として特定できるでしょう。しかし、それが私の身体の皮膚にどういう影響を及ぼすかは、樹液の化学的分析だけでは分かりません。

そして、身体は、何よりも運動と行為の担い手です。私は「何かをすることができる」のです。私は歩くことができれば、この森の中を進んでいくことができます。しかし車いすであれば、このでこぼこの森を進むことは困難でしょう。泳ぐことができれば、穏やかな川なら泳いで渡ることができます。しかし、流れがあまりに速く、向こう岸が遠すぎれば、それは難しいでしょう。道具の多くは右利きを想定されて作られていますが、それが左利きの人にとって使いにくいということがあるかもしれません。「私が何を、どのようにできる」のかという能力に応じて、環境はまったく意味を変えてしまいます。樹木のある枝は、私の力で折ることができ、近くにある薄くて強い石片を使って研ぐことができます。枝を槍にすることができます。槍の作り方を知っているか、それを思いつけば、森は槍の倉庫となるでしょう。環境は、私の運動と行為の相関者です。私の能力はある環境の中で発揮されますし、私の能力はある環境の中で開発され、成長します。環境は、潜在的な移動の場所、行為の場所、行為の対象として意味づけられて現れます。

ここで私たちが気をつけなければならないのは、こうして私たちが自分の身体で接して交渉していく環境は、個々人それぞれの身体に従って、異なって意味づけられることです。現象学的記述が浮かび上がらせるのは、あるひとりの人を取り囲んでいる意味ある世界です。自然科学の理論はいつも一般化と抽象化を目指します。それゆえに、その一般的な世界の中では、他の人とも共有しているけれども、その人にとって独特の意味を担った環境の特性はすべて切り落とされてしまいます。誰が測定しても、ここの気温は摂氏三五度です。しかし、それが本人にとってどういう意味や価値を持つかは、本人の体質や体調、年齢などで大きく異なってきます。後者のことを「主観的だ」と決めつけて無視すべきでは断じてありません。むしろ、そのほうが個々人にとって重要なのです。

したがって、現象学の第一の任務は、科学理論による画一化や一般化からは見逃されてしまう特殊個別な経験、他の人にとってどうであれ当人にとっては重大な意味を持つ経験、まだ根源的に意味が不確定であって当人にも他者にも多義的に留まっているような経験、こうした経験たちを掬い出し、まずはそれらを記述することにあるのです。

実存としての身体

以上のようなスタンスに立つ現象学は、具体的に生きている個々の人間存在に注目し、その人の世界におけるあり方を理解していこうとします。個々人の経験に着目する現象学を、「実存主義的現象学」と呼ぶことがあります。

この方向性を進んだ現象学者に、ハイデガーやメルロ＝ポンティをあげられます。彼らが現象学の主題としたのは、一定の特徴を備えた身体を授かり、特定の人間関係の中に生まれ落ち、特定の社会と時代状況の中で生きていく具体的個人としての自己です。ハイデガーは、こうした人間の自己のあり方を「現存在」と呼びました。彼らはフッサールの現象学を批判するのは、フッサールがいなかる環境からも独立した自我（超越論的自我）を想定していたからです。そうした自我は、誰でもあるけれども誰でもない抽象的な存在になってしまい、この世界の中で制約を受けながら生きている私たち現実から離れてしまいます。メルロ＝ポンティたちが強調したのは、私たちの自己は、世界の外側から世界に意味を与えるような純粋で特権的な「超越論的自我」などではないということです。

私たちの身体は、他の動物たちと共有する部分を含み、人間以前の先祖から受け継いだものです。その意味で私たちの身体は、一定の仕方で環境と相互作用するように最初から生物学的に設計されています。たとえば、私たちの消化器官は、ある種の栄養分を摂取し、消化吸収できるようにできています。他のものは消化も吸収もできません。眼は可視光線を捉えるようにできていますが、これは太陽の発する光線の種類に対応しています。私たちには、他の類人猿と似たような形の四肢がついています。こうした動物から受け継いだ諸条件を逃れている人間などいません。私たちの自己は、動物から受け継いだ身体から切り離しえないのです。

さらに、私たちは、何の自覚もない幼少期の間に、大人たちによって、社会によって、さまざまな習慣を獲得するように躾けられます。獲得された慣習や文化は、私たちの身体の基底に、取り除くのが難しい刻印であるかのように定着します。食べ物の好みなどを考えてみてください。それは生まれつきの体質というよりも、幼児期からの基本的な習慣によって作られます。ですが、それは私の一部をなしてしまい、食べ慣れないものばかりを食べていると体調すらおかしくなります。私たちの生活世界の意味は、家族を含めて社会や他者から与えられ、そこから私たちの人生は始まります。先にあげた言語の例も同様です。言語はいく種類も学べますし、ときに第二言語が第一言語（母語）よりも得意になることもあります。それでも最初の言語の影響は顕著なのです。

このようにメルロ＝ポンティやハイデガーは、主観とか自我とか呼ばれる一般的で抽象的な「精神」を問題にするのではなく、今、ここで、特定の場所と状況に生きている人間存在を問題にします。人間は具体的な場所と時間に拘束されながらも、その制約を超えて生きていきます。彼らによれば現象学の研究対象とは、「人間」とか「主観」一般ではなく、固有名のついた〈誰それ〉という特定の人間存在のあり方です。人間存在の独自のあり方を「実存」といい、実存を問題にする哲学を「実存主義」と言います。

このように、実存主義へと展開した現象学は、何よりも個人のあり方に注目し、その人を取り囲んでいる意味に満ちた世界を記述して描き出そうとします。ここには、一般化され、抽象化され、さらに断片化された形でしか人の身体とその運動・行動を捉えることのできない自然科学的な研究との決定的な違いがあります。リハビリテーションにせよ、教育にせよ、自然科学的な見方にだけ縛られていると、個々人を取り囲んでいる意味の世界を見過ごしてしまいます。障害のある子どもや人に向かい合うときには、まず何よりも、その人が抱えている個別の「生きづらさ」や問題の正体を探らなければならないはずです。現象学は、それをまず記述し、理解しようとする試みです。

意味とは何か

さて、私たちはこれまで「意味のある世界」とか、「志向性は世界に意味を与える」とか述べてきました。では、その「意味」とは何でしょうか。

意味とは、ある事柄を他の事柄と関連づけることです。たとえば、「摂氏三五度」という温度は、温度を測る物理学的な尺度、つまり絶対零度から超高熱状態までの連続的尺度の中の一点として位置づけられます。これは物理学的な関連性であり、物理学的な値です。しかしこの値は、人間の自己を中心にした意味ではありません。

同じ三五度は、ある地域の夏の気温という関連に置かれればどうでしょうか。それが、たとえば、シベリアのような寒冷な場所であれば、異常高温の夏日ということになるでしょう。しかし、真夏のバクダッドではどうでしょうか。かなり涼しい日となることでしょう。三五度は関連させられる文脈で異なった意味を担います。同じように、私の体質にとって三五度を意味づけることもできるでしょう。暑がりの私にとって三五度は耐えがたい暑さであるはずです。さらに、病気で体力を消耗している人にとっては、危機的な暑さという意味を持つはずです。

このように意味とは、ある内容を何かの文脈の中に位置づけ、関連づけを与えることです。知覚とはつねに文脈的であるということは、かつてゲシュタルト心理学が指摘したことです。ここで言う「文脈的」とは、ある知覚内容は時間的にも空間的にも背景あるいは「地」を持ち、その「地」の上の「図」として現れるということです。そうした背景や地から切り離された知覚内容は存在しません。ゲシュタルト心理学によれば、あらゆる刺激は孤立しておらず、必ず何かと関連づけられて存在しています。ゲシュタルトとは「形態」とか「配置」を意味します。あらゆる刺激は、形態や配置の中に位置づけられているのです。色彩で言えば、赤のみが世界に存在しているということはありえません。連続的なスペクトルとして色彩は存在し、ある色彩は、周囲の他の色彩との関係で値が付与されます。だから、同じ絵の具を使っても、周囲の色で違って見えるし、異なった照明が照らされることで違って見えます。基本的な色があって、それが文脈で異なってくるのではなく、文脈のない色などそもそも存在しないのです。他の宇宙空間から切り離された小さな宇宙空間などありえないのと同じです。大きさや奥行きの知覚についても、それらはつねにゲシュタルト的であり、文脈的だと言えます。ちなみに、ゲシュタルト心理学は、現象学と非常に近い発想から生まれてきた心理学です。それゆえに、メルロ＝ポンティは、ゲシュタルト心理学の成果を大いに活用しながら、知覚の現象学を展開しました。

さらにゲシュタルト心理学では、「順応水準」という考え方があります。順応水準とは、私たちが知覚するときには、暗黙のうちに刺激を位置づける参照基準があることを指摘した概念です。私たちは、多くの刺激に対して反応した後に、どの刺激が中立的であるかを言うことができます。たとえば、気温として「適温」という暑くも寒くもないちょうどいい温度があります。その適温をゼロ点として暑いかとか寒いとかが区分けされます。つまり、知覚には、さまざまな刺激を配置する次元や水準のようなものがあるのです。これを「順応水準」と呼びます。有機体が環境中に存在する刺激に順応した結果、感覚の平均水準ないし基準点としての順応水準が形成されます。もう少し簡単に言うならば、すごく熱いお風呂になれると、四一度くらいのお湯はぬるく感じます。しかしぬるいお湯になれると、今度は、四一度は「熱い」と知覚判断されます。この判断を基づけている無意識のゼロ点が順応水準です。もちろん、この水準はある程度まで可変的です。

このように、意味は、あるものが全体の枠組みや文脈の中に位置づけられ、他のものと関連づけられることで生まれます。ただしここで注意が必要なのは、人間の生活世界における意味とは、規範的なものだということです。規範的とは、「こうあるべきだ」という基準のことを言います。たとえば、物理学において気温が摂氏三五度だというときには、単にある気温が位置づけられたにすぎません。しかし、私たちが身体的な基準によって三五度を「暑い」と判断するのは、自分の身体にとって「あるべき」温度との関連でそう判断されるのです。自分にとっては、二三度くらいがちょうど過ごしやすい温度だとします。この「あるべき」温度に比べると、三五度の世界は「暑くてやりきれず、何かをして過ごしやすくしなければならない世界」として現れます。暑いと私たちの身体は汗をかき、口から涼しい空気を取り込みます。それで足りなければ、私たちは服を脱ぎ、涼しいところに移動し、冷たいものを飲んで、エアコンをつけるでしょう。人間的な温度の判断には、身体的な適温（もちろん、これは人によって基準が変わります）が存在し、現在の室温は、あるべき温度と照らし合わせて「暑すぎる」と意味づけられます。

このあるべき姿を規範と呼ぶならば、物理学での温度測定は規範的ではありません。物理学に「あるべき宇宙の温度」などはありません。これに対して、人間の知覚的判断には規範的な意味が含まれています。この点が、人間の知覚が物理的な測定とは異なるところです。人間の知覚は、「こうあるべきだ」という基準を含んでおり、その基準は自分にとって何が利益になり、何が不利益になるのかについての情報を含んでいます。痛みなどは、まさしく身体の損傷とその事態からの回避を呼びかけているサインです。人間の知覚は主観的だといわれます。こうした考えはある意味で誤りであり、ある意味で正しいと言えます。というのは、「知覚は主観的な幻想にすぎない。客観的な計測に比べて間違いを示している」という意味であれば、この主張は誤りです。しかし、知覚が「知覚している当の動物にとって、その生活に重要な意味を持った情報を含んでいる」という意味であれば、それは正しいのです。

メルロ＝ポンティは、身体そのものが規範を設定し、世界を意味づける作用を持っていることを強調しています。たとえば、「この自動車のハンドルは重すぎる」という判断には、自分の腕力から見て、このハンドルは「操作しにくく、もっと軽いほうがよい」という規範的な意味が含まれています。「部屋が暑い」ということの意味は、摂氏何度という客観的な物理的状態を指定しているのではありません。対象を身体的に知覚することは、対象をただ鏡で写し取るような純然たる認識ではありません。「暑い」ということは、私の生活にとっての意味であり、私にとってこの室温が自分に不快感や仕事の非能率を強いていて、何かをして温度を調整すべきことを意味しています。その場合に、私たちは窓を開けて涼しい空気を入れるかもしれませんし、上着を一枚脱ぐかもしれません。しばらくすると慣れるだろうと思ってそのままにしておくかもしれません。いずれの場合でも、「暑い」という状態はあるべき適温状態から離れており、私たちに何かをするように動機づけているのです。

志向性とアフォーダンス

暑いとか苦いといった感覚的性質は、感覚を測る尺度の中に位置づけられて意味を持ちます。しかし、物の意味はこれとは少し異なる仕方で与えられます。たとえば、何かを「ハンドル」として見なす志向性は、ただその物に名前をつけただけではありません。そこには、この自動車の中の丸い物体は、「自動車の方向を定める操作器」として扱うものだという意味が含まれています。私たちは、世界の中の対象をどう扱うべきなのかという枠組みや文脈で関連づけ、意味を与えます。これが先ほど述べた（三一頁）「私はできる」という行為の文脈で対象を捉えているということなのです。

現象学では、この「私はできる」ということを、「運動志向性」と言い換えることがあります。それは、世界を知的に理解するだけではなく、身体運動の対象として実践的に把握するための、私たちに備わった能力です。現象学によれば、私たちと世界との根源的な絆は、認識する知性とその観察対象との関係ではなく、運動する主体とそれに応答する世界との関係です。メルロ＝ポンティは、「意識とは、原初的には〈私は思う（Je pense）〉ではなく、〈私はできる（Je peux）〉である」[★2]といいます。

現象学では使わない用語ですが、生態心理学者のジェームズ・J・ギブソン（James Jerome Gibson 1904～1979）の「アフォーダンス」という概念は、これまで述べてきた「私はできる（運動志向性）」にきわめて近い発想を含んでいます。本書では、現象学の立場と、このギブソンを創始者とする生態心理学（エコロジカル・サイコロジー）を綜合して、私たちが「生態現象学」と呼ぶ立場から以下の論述を進めていきます。生態現象学とは、とくに主体としての身体と環境との相互作用として経験を捉えていこうとする立場であり、もともと現象学に内在していた主体と環境の相補性という考え方をギブソンの心理学を参照して、より強く押し出そうとするものです。

ジェームズ・J・ギブソンは、生態心理学という新しい心理学を提案しました。生態学（エコロジー）とは、もともとは「環境保護」という意味ではなく、動物の活動を環境との相互関係によって捉える生物科学のことを言います。ギブソンは、この観点を心理学に導入して、人間をつねに環境の相互関係において捉えようとします。生物が生きていくためには、それに見合ったニッチが必要とされます。ニッチとは、生態学的な意味での生物の棲み家のことであり、生息環境や活動できる場所のことを言います。同様に、人間のどのような能力も特定のニッチの中においてしか機能しません。人間の心の働きとされているものも、それが可能になるニッチが前提とされています。能力と環境とは不可分の対（つい）をなしていて、個人の能力をそれだけ孤立させて論ずることはできないのです。

その後、ギブソンの後継者たちがこの考えを発展させ、心理学はもちろん、認知心理学やコンピュータ科学、ロボット工学、工業製品デザイン、環境工学、教育学などの分野においても注目されるようになりました。とくに身体性を重視する近年の心の科学では、ギブソン・リバイバルが何度も生じています。

「アフォーダンス」という概念は、ギブソンの造語で、動物の行動や生態と対をなしている環境の側の生態学的特性のことを指します。[★3] アフォーダンスとは、動物の環境への働きかけに応じて、環境のほうが動物に返してくるもの、環境からの動物への「反応」のことです。

実例をあげてみましょう。私たちが氷の上に立ったときには、その氷が十分な厚みがあれば、私たちの体重を支えてくれます。その氷は、支えることをアフォードしたわけです。垂直にたちあがった

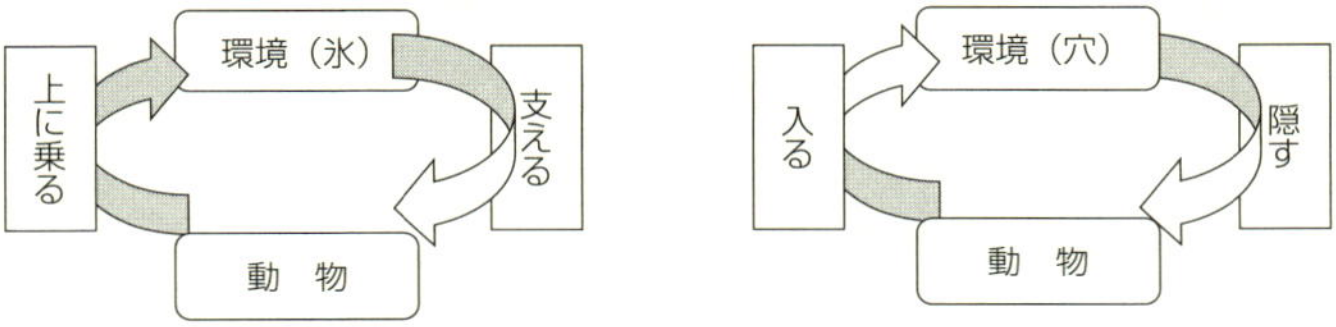

◆図 1—1　アフォーダンスの循環的因果

障壁は、そこに私たちが進めば衝突して跳ね返し、移動の妨害をアフォードします。あるいは、握れる大きさの物は、投げることをアフォードします。ナイフや斧は、それを使って何かを切ることをアフォードします。丸いものであれば、地面を転がして動かせることをアフォードします。

私たちが食物を食べたときに、その食物は栄養を与えてくれます。私たちは十分太い木の枝にぶら下がることができます。その木の枝は、ぶら下がることをアフォードしたのです。これまであげてきたアフォーダンスは、私たちに有益という意味でポジティブなものですが、他方で、ネガティブなアフォーダンスもあります。たとえば、蛇に近づくとかまれます。その蛇はかむことを私たちにアフォードします。毒性のあるものは、病気、ときに死をアフォードします。もちろん、ひとつのものがポジティブ・ネガティブ両方のアフォーダンスを持ち、両価的なこともあります。火は、寒いときに暖を取ることをアフォードしますが、触れると火傷を負うこともアフォードします。ナイフの刃は何かを切ることもアフォードしますが、触れてケガすることをアフォードします。

このように、アフォーダンスとは、動物自身の存在や振る舞いが環境に変化を引き起こし、その変化が今度は再帰的に動物に影響を与えてくる循環的過程を表現しています。たとえば、薄い氷は、「その上に乗る→割れて水に落ちる」ので水中落下をアフォードし、分厚い氷は「その上に乗る→そのまま歩ける」

ので、移動や支持をアフォードします（もちろん、その動物の体重によってどの程度が「分厚い」氷なのかは変化する）。穴は、私たちに身を隠す場所をアフォードします。ヘビは噛まれることをアフォードするということは、「ヘビへの接近→噛まれる」という出来事を生じることです。

ギブソンは、アフォーダンスとは環境の持っている意味であり、価値であると言っています。ここで言うアフォーダンスの「意味」とは、対象が私に対して働きかけてくる作用であり、効果のことです。意味とは効果のことなのです。私に対して効果を与える関係こそが、対象の意味です。

しかしアフォーダンスの概念を理解するのに、いくつか注意すべきことがあります。まずひとつは、環境がどのようなアフォーダンスを与えてくれるのかは、個人によって異なることです。小さな子どもにとって、机は身を隠す場所をアフォードしてくれるでしょう。しかし身体の大きな大人には無理です。そば粉はほとんどの人たちには栄養をアフォードしてくれますが、アレルギー体質の人にとっては毒のようなものです。第二に、アフォーダンスにおいては、自然的なものと人工的なものを区別することは意味がないことです。「実際の郵便ポストが（これだけが）、郵便制度のある地域では手紙を書いた人間に、手紙を郵送することをアフォードする」[★4]。郵便ポストは、そこに手紙を入れることで郵送をアフォードします。水道の蛇口は、捻ることによって飲み水をアフォードします。郵便ポストや水道が、社会的・人工的に維持されている機構であることは、アフォーダンスの有無と関係がありません。アフォーダンスとは、動物が関わることによって、その動物に働き返してくる環境の特性を言います。そのメカニズムが、自然のみによって維持されているか、人間の手が入っているかどうかは問題ではありません。アフォーダンスは、いわば、その利用者や使用者の観点から理解されなければなりません。

　したがって、アフォーダンスを知ることとは、私たちが環境に対してどう振る舞えばよいかを知ることと同じです。アフォーダンスは、環境中に数限りなく存在し、私たちが環境に有効に働きかけているときには、そこには必ずアフォーダンスがあります。同時に、アフォーダンスを知ることは、自分自身を知ることでもあります。アフォーダンスを知覚することは、因果性の知覚の一種です。因果性とは、何かの出来事（たとえば、ナイフを押し当てて引く）によって他の出来事（野菜が切れる）が引き起こされることです。二つの出来事を結びつける因果性それ自体がひとつの出来事とも言えます。

　ナイフのアフォーダンスは、子どもにとって知覚可能な対象であり、その利用法を学習できます。ナイフの形状から、子どもは、ナイフが「摑む」ことをアフォードしていることをただちに知覚して、摑むことでしょう。そして、子どもがナイフを摑んで手の内で動かしているうちに、ナイフで何かを切ることを覚えることができるでしょう。あるいは、誰かがナイフで何かを切っているところを見て、その利用法を知るかもしれません。こうして、ナイフは子どもに切るという行為の可能性を与え、子どもはそのナイフのアフォーダンスを知覚できるようになります。ここでのアフォーダンスの知覚とは、「ナイフを握り、物に押し当てて引く」という自分の行動を、「物を切る」という帰結（効果）と結びつけて理解することです。

　現象学で言う運動志向性（「私はできる」）という働きは、環境の側の相関項を必要としています。「私が何かをできる」には、環境の側がその能力を支えるアフォーダンスを備えている必要があります。たとえば、「私は歩ける」という場合には、当然、自分を支えてくれる地面や床が必要です。そして、もし私の膝などが悪く、足をあまり持ち上げられないのならば、その地面や床は十分に平らでなければならず、でこぼこが激しかったり、あまりに傾斜が強かったりすれば、歩けません。平らな床は、膝の悪い私にも歩行をアフォードしてくれます。人間の能力は環境から切り離されて単独で成立しません。どのような能力もそれを成立させる環境の側の性能を必要としており、「私は何かができる」という事態は人間主体と環境の共同作業として成り立ちます。アフォーダンスは、「私はできる」という私の側の能力を支えてくれる環境の側の性能です。

意味と行為

現象学の言う「意味」とは、行為を「動機づける」ということでもあります。環境は、私たちの行為を可能にしてくれるアフォーダンスとしての意味を持ち、私たちの意図はアフォーダンスによって足場を与えられます。

私たちは切符の販売機のボタンが何を意味しているかを理解しているからこそ、それを利用して切符を購入できます。券売機が自分に何をアフォードするのか、これこそが券売機の意味なのです。「幼児には券売機の意味が分からない」といったときには、その子は、券売機が自分に何をアフォードしてくれるのかが分かっていないのです。券売機が何であるか分かるということは、それに対して何をすべきか（「電車に乗るなら、券売機で切符を買わないと改札を通れないので、買うべきだ」）を知っていることです。券売機のアフォーダンス（お金を入れてボタンを押すと、切符をアフォードする）は、「私は（切符を買うことが）できる」ということの相関項です。券売機の意味が分かること、すなわち、券売機のアフォーダンスが知覚できることは、切符を買うことの必要条件です。券売機の意味が分からないということは、（対面販売のない駅では）切符を購入しようとする意図が持てないということです。「意図が持てない」ということは、何をしたらいいか分からずに途方に暮れてしまうということです。さらに、切符を買うことは電車に乗る行為の一部をなしています。こうして、さまざまに意味を持った対象によって組み立てられているのが生活世界です。

したがって、知覚することとは、環境における対象の意味を知覚することです。そして意味を知覚することは行為への準備であり、知覚対象とは行為の潜在的な対象です。知覚世界は、知覚者に行為を促し、行為の動機づけを与えている世界です。美味しそうなカレーは、「美味しそうだな」と感じる知覚の中に、そのカレーが食べ物であるという意味が含まれています。科学的な観点から化学的成分に分析された数値では、それ自体が「食べてみたい美味しそうなカレー」という意味を持つことはできません。現象学的な記述とは、意味づけられた世界に生きている経験の記述であると同時に、そうした意味のある世界の中で自分が何かに動機づけられている経験の記述なのです。

このような経験の世界こそが、私たちを取り巻いている生活世界です。しかしながら、自然科学的な測定によっては、こうした動機づけられた意味のある世界はけっして捉えることができません。ある人にとっての生活世界を捉えるには、その個人が周囲の環境に対して持つ身体的な関わりを捉えなければならないからです。これが、運動障害のための教育とリハビリ、支援を見直すときに、現象学的な身体論が求められる理由です。身体は、医療やリハビリの対象となるばかりの受け身の存在ではありません。身体こそが、世界に意味を与え、世界のあるべき姿を暗示する主体なのです。

第二章 発達とは何か

人間の発達とケイパビリティ

さて第一章の考察から、身体とその運動を主体の立場に立って捉え直すために、現象学の視点が有効であることはお分かりいただいたことと思います。

身体は、一種の規範（あるいは、尺度や基準と言ってもよいでしょう）を持っており、その基準から世界を意味づけています。また、私たちが存在し活動することで、環境中の事物のアフォーダンスが顕在化し、私たちは環境と相互作用します。たとえば、私が湖の分厚い氷の上に乗れば、その氷は私を支えてくれます。この氷のアフォーダンスを知り、知覚することで、自分の行為の可能性を知ることができます。自分の行為の可能性を知ることができれば、それを意図することができます。

さて、人間が発達するとはどういうことでしょうか。身体は生理学的には成長して、成熟していくわけですが、発達はそうした成長や成熟とは区別されなければなりません。生理学的に成長を支援するのが医療や看護の仕事だとすれば（これは福祉の仕事の一部と考えられます）、教育は発達を支援することです。では、発達とは何を基準として測られ、どのような方向性を持つものなのでしょうか。筆者は、発達とは、これまでの章で述べてきたような「行為の可能性を拡大していく過程」だと考えます。別の用語を使えば、発達とは「ケイパビリティ」を拡張していくことだと定義したいと思います。

ケイパビリティ（capability）は、「潜在能力」と訳されることもありますが、厚生経済学者であるとともに政治哲学者・倫理学者であるアマルティア・セン（Amartya K. Sen）とその研究協力者であるマーサ・ヌスバウム（Martha Nussbaum）が提起した概念です。現在、福祉と教育の分野で世界的に重視されている考え方です。

ケイパビリティとは、ある人にとって選択可能な「機能（functioning）」の総体です。機能とは、人間の生活における「活動（doing）」や「状態（being）」のことを言います。つまり、機能とは、その人が「どのようなことができるのか」、「どのような人になれるのか」を意味し、簡単に言えば、ケイパビリティとは、その人が実現可能なことを言います。たとえば、「適切な栄養を得られているか」、「健康か」、「避けられる病気にかかっていないか」、「早死にしていないか」、「幸福か」、「自尊心を持っているか」（以上は「状態」）、「社会生活に参加できているか」、「教育を受けられるか」、「勉強できているか」、「職に就けているか」、「政治家になれるか」、「医師になれるか」（「活動」）、などが、その例です。

機能とは、その人が、自分の人生で実質的に何ができるかを表しています。ある人がどのような機能を達成できるのかは、その人の人生における選択肢の範囲を反映します。したがって、ケイパビリティとは、生き方の幅、自由の幅を意味しています。センは次のように機能とケイパビリティを定義しています。

ここで言う「機能」とは、最も基本的なもの（例えば、栄養状態が良好なこと、回避できる病気にかからないことや早死にしないことなど）から非常に複雑で洗練されたこと（自尊心を持っていられることや社会生活に参加できることなど）までを含む幅の広い概念である。どの機能を選び、どのようなウェイトを与えるかは、様々な「機能の組合せ」の達成を可能にする潜在能力の

評価に影響する。★1

センとヌスバウムが、この概念を使って提案しているのは、福祉と教育をどのような基準で行うかです。

福祉が対象としているのは貧困であり、貧困の是正が福祉の目的だと言われます。しかし、その貧困とは単に経済的な貧困ばかりを指しているのではありません。単純に所得を向上させても、それがその人が望んでいる生活に資しているか、その人の「クオリティー・オブ・ライフ（生活の質）」を向上させているかにつながらなければ、貧困を脱しているとは言えません。たとえば、環境がバリアフリーでなければ、障害を持っている人には就業の機会を得ることが難しいかもしれません。労働できないことを金銭で補っても、その人は労働の喜びや自分が社会に参加したという実感を得られず、その人にとってのクオリティー・オブ・ライフが向上したとは言えません。

だからといって、主観的な満足や幸福感によっても、クオリティー・オブ・ライフの向上を測ることもできません。ときに混同されていますが、クオリティー・オブ・ライフと、単純な主観的満足の状態は区別されなければなりません。というのも、差別や権利の侵害を受けていても、それに忍従する習慣がついてしまっていると、貧しい生活にもそれなりに満足してしまうかもしれないからです。たとえば、教育を受ける機会がなく、児童労働に従事している子どもたちも、家族に貢献しているから幸せだと思うかもしれません。そういう人たちは、他の人たちとの平等を諦めてしまい、自分にあまり期待していないという、貧困状態にあるのです。

センによれば、貧困とは、満たされるべき最低限の基本的なケイパビリティが欠けている状態として定義されるべきなのです。言い換えるなら、貧困とは、その人が実現可能な人生の選択肢があまりに限られている状態のことを指します。児童労働に従事している子どもは、主観的には家族に貢献できて満足かもしれませんが、幼い身体への過重な負担は病気やケガを誘発し、それに対する医療も受けられません。学校に行かなければ、自分で健康を管理する知識を得ることもできないし、将来、就ける職業もかなり限られます。とすれば、その子どもの人生の選択肢はひどく制限されており、豊かな国の子どもとの間にはひどい不公平があります。同様に、たとえ金銭的に生活保障がなされていても、障害を理由にして学校で授業を受けさせてもらえず、自宅にいるばかりの障害のあるお子さんは、やはり学ぶとか働くとか、社会参加するといったケイパビリティを持ちえないでいます。これは、金銭的貧困とは別の意味での貧困です。

福祉の目的は、貧困をなくすこと、もしくはクオリティー・オブ・ライフの向上にあります。センによれば、福祉とは基本的なケイパビリティを保証し、ケイパビリティの平等を実現するためのものです。それは、本人に生活において実現可能なことを開発し、人生の選択ができるように環境の整備を目指すものです。環境が十分に整えられたなら、どのような生活を実現するかの選択は、個人に委ねられるべきなのです。

本人がいかに空腹であっても、信仰に基づいて自発的に行う断食や、身体を鍛えるダイエットは本人の選択の問題であり、福祉のテーマにはなりません。他方、食べたいのに食べ物がないという状態はケイパビリティの欠如であり、福祉のテーマです。ケイパビリティを開発するとは、その人の生き方の選択肢の幅を広げることであり、その人の自律性を支援することです。信仰から断食している人は、食べて栄養をとるというケイパビリティが欠けているわけではありません。

ケイパビリティの開発としての福祉と教育

マーサ・ヌスバウムは、センのケイパビリティの概念を、子どもの教育や障害のある人への支援、女性問題に適用しました。ケイパビリティは人間の可能性を意味する限り、きわめて多様であり、どこまでも開発できるものでしょう。しかしながら、人間にとって共通であり、他のケイパビリティの前提や基盤となるような中心的なケイパビリティが存在するとヌスバウムは考えます。

センはケイパビリティをリストアップすることに必ずしも賛成していないようですが、ヌスバウムは、ケイパビリティをより明確に概念化するために、人間にとって「中心的なケイパビリティ」を以下のように分類しています[★2]。

1. 生命：正常な長さの人生を全うできること。
2. 身体的健康：栄養、住居、健康。出産の健康も含む。
3. 身体的統合：身体的拘束のないこと。移動や暴力からの自由、性的満足と生殖において選択の自由。
4. 感覚・想像力・知覚：感覚し、想像し、思考し、判断すること。識字、数学科学的訓練、真に人間的な方法で学べること。宗教、文学、音楽、自己表現の創作経験。

5．感情：周りの人に対して愛情を持つことができること。愛すること、悲しむこと、願望、謝意、正しい怒りを経験できること。
6．実践理性：善を構想できること。人生について批判的に反省できること。良心の自由と宗教的自由を保障する。
7．所属：
A．他者とともに生きることができること。他者と連携し、他者の立場を想像し、共感できること。
B．自尊心を持ち、屈辱を受けない社会的基盤を持つこと。人種、性、性的志向、民族、階級、宗教による差別を受けないこと。
8．他の種との共生：自然や動物にかかわりを持って生きられること。
9．遊び
10．環境のコントロール：
A．政治的コントロール：政治参加できること
B．物質的コントロール：所有、財産権、他者と同等の雇用、人間らしく働けること。

福祉の目的は、これらのケイパビリティの中で基本的なものを維持し、貧困状態から脱するようにある人を支援することとして定義できます。また福祉は、中心的なケイパビリティが、人々の間でできる限り平等に達成できることを目指すものです。

これに対して、教育の目的は、その人のケイパビリティの最大限の開発を支援することにあると言えるでしょう。教育は福祉が求めている以上の水準まで、その人の可能性を開発しようとします。とくに高等教育ではそうです。しかし、初等中等の公立の学校の目的は、まさしく、ケイパビリティのうちで基本的なものを開発することにあると言えるでしょう。この意味で、福祉と教育の目的は連続的であり、相互に深く関係しています。たとえば、失業者の支援において再教育や新しい技能や知識の教育がいかに大切かを考えていただければよいと思います。

もちろん、教育とはあくまでケイパビリティを開発することであり、最終的な目的は、本人の可能性を拡張して、本人が自分の望むクオリティー・オブ・ライフを実現するように支援することにあります。本人にとってどのような状態がクオリティー・オブ・ライフの高い状態であるかは、本人が決めることです。教育は、そのための基本的な選択肢を開発するものです。

ここでケイパビリティの特徴に関して、次の二点を指摘しておきたいと思います。

第一に、ケイパビリティとは、個々人の内的状態（身体的・心理的な内在因）だけではなく、その外的状態（環境因）の両方に関わっていることです。ある機能が成立するには、一定の環境条件が必要とされます。環境条件の整備は、ケイパビリティの開発につながります。このように人間の能力をつねに個体と環境との相互作用の中で考える点において、ケイパビリティ・アプローチは、現象学や生態心理学と共通の特徴を持ちます。

ただし筆者には、ヌスバウムの規定するケイパビリティは、やや内在主義的な含意が強いように思われます。つまり、ヌスバウムはケイパビリティにおける個体と環境との相互作用の側面を十分に強調していないかもしれず、ケイパビリティが当人の心身に内在する個人的な能力であるかのように受け取られてしまう危険性があると思われます。しかし、本来、ケイパビリティ概念の優れた点は、機能を成立させる要因を本人の状態だけでなく環境中の要因にも目をつけたところにあります。この美点を、現象学や生態心理学を使って強調する必要があります。

教育も福祉も、本人の内在的な能力を向上させることばかりに目を向けるのは一面的です。ケイパビリティは個体と環境のマッチングの問題なのですから、本人に合った環境を開発し準備すること、本人の内在的能力の向上をつねに環境との関係で捉えることが必要となるのです。ケイパビリティは、環境を変えることでも開発できるのです。

熊谷晋一郎が筆者に私信で述べたところでは、身体障害者の当事者団体の中ですら、特定のメンバーに「コミュニケーション障害」といったレッテルを張る傾向が散見されるといいます。すなわち、障害とはあくまで障害当事者の個体能力の問題なのだという立場を批判して、個人と環境との関係に注目したはずなのに、再び「環境との良き関係をとりもてる個体能力の称揚」というねじれた形での個人能力主義の回帰が「自立障害者」を自認する人々の中にもあるというのです。

第二に、ケイパビリティが個々人の個性を反映していることです。センは次のように述べています。「人間は様々な面で互いに異なった存在である。外的な特徴や環境の面で異なっている。異なった資産や負債を相続して人生をスタートする。このような自然的・社会環境や外的特徴の差に加えて、個人的な特徴（例えば、年齢、性別、身体的・知的能力など）の面でも互いに異なっている。このような差は不平等を評価する場合、重要な意味を持ってくる」★3。

個人はさまざまな個別的特徴と条件のもとで生きています。教育と福祉は、この人間の多様性に合わせて、ケイパビリティを開発し、その人の機能の選択肢の拡大（つまり、自由の拡大）するものでなければなりません。そこには、個人の個別的な特徴に目を向けるだけではなく、個々人に合わせて環境条件の改善し、個別的に人的支援やテクノロジーの利用を開発する必要があります。

発達の基準

さて、本章での最初の問いに戻りましょう。発達するとはどういうことでしょうか。先ほど述べたように、私は、発達とは「ケイパビリティ」を拡張していくことだと定義したいと思います。これは重大な意味を持っています。

私たちは、子どもの発達を、ちょうど植物の生長のように、一定の環境条件さえ整えば、定まった順序で生じてくる自律的な過程であるかのように考えがちです。しかし、そうした発達観は、成長・成熟と発達とを混同しています。子どもの身体的な成長はかなり明確に分かり、成熟したと言える段階も比較的はっきりしています。年齢を経るうちに、身長の伸びは止まり、筋力や骨の強度も最高段階があり、そこから緩やかに身体は衰えが始まります。私たちの健康維持や美容などは、この最高段からの衰えの速度を落とそうとする努力以外の何者でもありません。

それでは、身体的発達ではなく、人間全体の発達の最高段階とは何でしょうか。それ以前に、何が発達するのでしょうか。骨や筋肉の成長や発達なら分かりやすいのですが、知性の発達とはどのようになることなのでしょうか。感情の発達とは何でしょうか。人間関係が発達するとはどういうことでしょうか。理解力の発達にどこか到達地点や方向性のようなものがあるでしょうか。たとえば、小説を理解する力に到達目標があるでしょうか。作者の意図を理解することが目標でしょうか（そんなものがあるとすれば）。それとも、その小説をヒントに自分でも小説を書くことでしょうか。仲間と面白い解釈を披露し合うことでしょうか。自分なりの人生の教訓を得ることでしょうか。正解などというものがない文学の理解をどのように発達という尺度に乗せるのでしょうか。私は文学理解に発達がないとは言っていません。何に価値を置くかによって無数の発達尺度を必要とすると言いたいのです。小説を読むことにどのようなものを求めているかによって、発達を測る尺度は異なってきます。

ましてや、人生について考えたときには、一律で一様な発達尺度などあるはずがありません。到達すべき最終状態が確定していないのですから、どのようなものを発達というのかも確定されていないはずです。現在の教育の世界では、発達は生涯続くもので、終わりがないと考えられています。生涯学習はすでに教育の一環として定着しています。しかし、それは一直線に子どもから死ぬ直前まで一つの価値に貫かれた発達の過程なのでしょうか。そのような単純な人生を生きることは、難しいように思います。発達とはある方向性を持つはずですが、その方向性は多様であり、人生の過程の中で大きく目指すべき方向性が変化する可能性もあるでしょう。人生の途中において、それまでの人生の達成がまったく無駄であるような価値の転回を経験するかもしれません。発達が何を最終的に目指しているものかを、本人の価値から独立に論じることはできません。言い換えれば、クオリティー・オブ・ライフを向上できる可能性を開発することが教育であるなら、何が優れた質の生活であるかは本人が決定しなければなりません。たしかに、多くのケイパビリティの基礎となるようなごく基本的なケイパビリティはあるでしょう。たとえば、健康であるとか、心身を拘束されていないとか、一定年齢になると政治参加できるといったことです。(これらは人権の擁護として社会や国家が保証すべきものでもあります。)しかし、これ以外の多くのケイパビリティは、本人がどのような質の、どのような価値に基づいた生活をしたいかによって、開発すべきケイパビリティは大きく異なってくるはずです。

にもかかわらず、私たちは、学校の中の教室という限られた環境の中で、教えるべきとされる内容を、子どもに教えようとします。そこで私たちは、教育する者として自分を見なし、教育されるべき者として子どもに接します。教育者は、「教えるべきだ」とされているカリキュラムの基準から子どもを評価し、子どもの発達も教育上の評価を基準としてしまいます。そのときに私たちは子どものほうではなく、カリキュラムの基準とその背後にある社会が望んでいる成長像のほうを見て教育しているのではないでしょうか。もちろん、初等中等教育で教えられる内容は、基本的ケイパビリティに関わると想定されています。投票とは何で、民主政治がどういう仕組みになっているかを社会科で教えなければ、政治参加もままならないでしょう。化学で基本的な物質の組成を教えなければ、危険な化学物質や有益な薬品の理解ができず、健康という基本的なケイパビリティを維持できないでしょう。

しかしながら、多くの場合、教育現場では教科の内容が、子どものクオリティー・オブ・ライフの向上とどのようにつながっているのかをあまり説明しません。たとえば、歴史で言えば、それを学ぶことが、その子のクオリティー・オブ・ライフの向上にとってどのような意味を持つのかを教えず、またそれについて考えさせずに、多くの場合、事実を記憶させる授業になっています。そして、しばしば歴史を学ぶこと自体を自己目的化して、大人の側が期待する達成度から評価をします。そして、それらの教科科目が全般的に満足なレベルに到達している場合に、いわば、「学習が基準に到達した」ことをもって「発達した」と評価するのではないでしょうか。

私たちの発達観は、ひとつ間違えば、子どもたちを競争選手のように扱ってしまっています。私たちは、子どもの達成を「先を行っている」とか、「遅れている」などと評価しています。あたかも乳児期や児童期の指標をできるだけ早く通り越した子どもが、大人になったときに人生の成功を収めるかのように考えてしまっています。戯画化すれば、人間の発達は単線のスピードレースであり、ゼロ歳を出発点として同じ時間と場所から、皆が同じカリキュラムの段階や学年を移動するのだと無意識のうちに想定されているのではないでしょうか。私たちは、いつの間にか、標準的な教育方法・カリキュラム・教材に準じる形で子どもの「発達」を測ってしまっているのではないでしょうか。子どもの発達段階は、教育したい内容に相対的に測られているように思えてなりません。しかもその教育したい内容の妥当性について問うことや検討することをせずに、です。

発達とは何か

以上のような発達観にはいくつも問題があります。ひとつは、子どもの発達は、本当に、生理学的な意味での成長と同じような一律で普遍的な過程なのだろうか、という疑問です。現在の発達観は、発達心理学の観察や実験に依拠した科学的な見解に見えるかもしれません。しかし近年、従来の発達心理学は、じつは、先進国の一部の人たちの価値観を反映したものにすぎないという批判が高まっています。つまり、発達とは、植物の生長のような自然な過程ではなく、一定の社会の価値と規範を担っている社会化の過程だということです。

長年にわたって、さまざまに文化的に異なった社会に住む人々の発達過程を比較研究してきた文化心理学の第一人者、マイケル・コールは、「文化心理学は、人々の共同の媒介された活動のなかで精神が新生すると仮定する。精神はそれゆえ、重要な意味で、「共同で構成され」かつ分配されるものである」[★4]と主張しています。

発達心理学としてこれまで最も普及しているのは、ジャン・ピアジェ（Jean Piaget）の発達段階説でしょう。文化心理学者はピアジェの理論にいくつかの重要な問題点を見ています。

ピアジェによれば、思考（認知機能）は、人間と環境との間の相互作用によって発達します。子どもは、それまでの認識の枠組み（シェマ）ではうまく対応できない事態に直面して、環境との間で不均衡状態に陥ると、その枠組みを組み替え、対処可能な均衡の状態へと移っていきます。これが知能の発達であり、そこには四つの段階があると仮定されています。

第一の段階は「感覚─運動期」（0～2歳）と呼ばれ、身体運動によって事物との関わりを繰り返し経験し、それを基礎として次第に事物の永続性を理解していく過程です。次は、「前操作期」（2～6歳）と呼ばれ、この段階では環境との身体的な交渉から、心的表象を使った「操作」へと発達していく段階です。前操作期では表象の能力を使って延滞模倣、象徴遊び（ごっこ遊び）、描画、心像、言語といった行動が現われてくると言います。第三段階は、「具体的操作期」（6～11歳）と呼ばれ、具体的な対象については論理的操作を使って思考できるようになります。たとえば、「保存の概念」がこの時期に形成されると言います。「保存の概念」とは、物の見かけが変わっても数や量、長さなどは同じであることを理解することです。最後の段階は、「形式的操作期」（11歳〜成人）と呼ばれ、具体的な対象から離れて、抽象的、仮説的に思考する形式的操作の能力を獲得する段階です。

子どもの発達は、一般的に、物事を一つの側面からのみ眺めていた「中心化」の状態から、多くの側面に注意を向けて、それらの情報を全体的に綜合することができる「脱中心化」へと至る過程だと想定されています。

ピアジェへの批判（1）：発達と文化

しかしながら、このピアジェの発達観は、さまざまな点において批判されてきました。ひとつ目は、発達段階説についての批判、次に発達の方向性についての批判、第三に発達の過程に関する批判です。

まず発達段階説についてですが、文化心理学や批判的心理学からはピアジェの発達段階説には数多くの批判がなされています。（文化心理学とは、人間の心理は深く文化的・社会的に枠組みが与えられているという立場から研究を進める心理学であり、批判的心理学とは、従来の心理学の哲学的基盤や基礎理論を再検討しようとする哲学的心理学です。）というのは、近年の研究から、ピアジェの言う、感覚運動的段階から具体的操作を経て形式的操作の段階へと至るという発達段階は、別の文化的背景を持つ人々の間では、課題の達成度が異なってくることが分かったからです。

文化心理学者たちは、児童が研究者の行うテストでさまざまな認知能力を示すことができないのは、研究者が子どもにとって親しみのない内容と手続きを使っていることに起因しているのではないかという仮説を検証しました[★5]。さまざまな社会で実験を実施して比較してみると、具体的操作段階に至る年齢はじつにさまざまであり、テストに合格する年齢の幅は驚くほど広かったことが実証されました。たとえば、具体的操作段階に到達したことを示すとされるピアジェの課題を、世界のさまざまな文化的コミュニティで行ったところ、世界のほとんどの地域でヨーロッパよりも到達年齢が高かったのです。

ピアジェは、どの年齢でどの段階に到達するかにはあまり関心を持っていませんでした。それでも、西欧以外の社会ではみな達成度が低いという調査結果は示唆的です[★6]。さらに、ピアジェの言う形式的操作段階においては、直接に操作できる具体物がなくても数学的・物理学的な推論ができることが求められています。しかし、数学や物理学のような学校教育を受けていない人々は、年齢が上がっても形式的操作と言われている段階にまったく到達しませんでした。「研究者たちは、一般性の欠如がとくに顕著なのは、ピアジェの「形式的操作の段階」で使われる課題においてだということがわかってきました。この課題では、直接に操作することのできる具体的な物が目の前になくでも、物理的属性や数学的属性についてシステマティックに推論することが要求されます。長期にわたる学校教育を受けていない場合、多くの文化コミュニティの人々は、形式的操作の段階にはまったく到達しないようでした」[★7]。これは、ピアジェの発達段階が、西欧的な文化の発展にどれだけ適応できているかを基準にして発達が測定されているのではないかという疑いを生じさせます。

これらの結果や批判を受けて、一九七二年にはピアジェ自身が[★8]、形式的操作的な思考は、先進国の科学の授業で使われる仮説検証の方法と結びついていると結論するに至りました。つまり、文化心理学からの指摘を受けて、ピアジェは、自身の発達段階説が普遍的であるという主張に変更を加え、形式的操作の段階は特定の地域の文化文明のあり方に依存しており、文脈によって発達が変わりうることを認めたのです。

学校教育を受けた群とそうでない群との成績の違いは、西洋型の学校での活動にどれくらい馴染みがあるかといった文化的な資本の違いが反映しています。それぞれの人は慣れ親しんでいる文化的環境が異なります。課題や素材、概念の馴染みやすさによって課題の達成は異なります。これは重大な問題です。というのも、私たちは、ある社会集団（地位が高く、裕福で、文化的にマジョリティに属する人々の集団）における文化的な達成を基準として、子どもたちの発達を測ってきたからです。それは、そうした文化に馴染みのない社会集団から来た子どもたちにとって学びにくいものなのです。そ以上のような研究から、知能とは、文化的環境の文脈とは関わりなく全般的に情報を処理する能力であるという考え方は見直されるようになりました。つまり、そうした文脈や状況から独立した知的能力などは、超越論的主観性のように理論的措定物ではないかと思われるのです。

従来の発達観の問題は、たとえば、言語学習の問題に置き換えてみれば分かりやすいと言えます。『パリ20区、僕たちのクラス』という興味深いフランス映画があります。この作品は、フランソワ・ベゴドーという教師経験を持つ作家の『教室へ』[★9]（原題『塀のなか（Entre les murs）』）という原作を、ローラン・カンテ監督が映画化したもので、二〇〇八年の第六一回カンヌ国際映画祭でパルムドール（最高賞）を獲得しています。ドキュメントではありませんが、とてもリアルな出来です。

ベゴドーは当初はナントという地方で高校教師をしていますが、移民の多いパリ19区（映画では20区）の中学にフランス語（国語）の新任教師として赴任してきます。クラスの半数ほどが、アフリカ系、アラブ系、スラブ系、アジア系の移民の子どもです。主人公の教師が着任したクラスは、最初から学級崩壊といってよい状態で、生徒は学習意欲に欠け、私語が多く、むやみに反抗的です。成績も悪く、中学二、三年生であるにもかかわらず、フランス語動詞の語尾変化を書くことができない生徒もいます。しかし考えてみてください。フランス語の動詞の語尾変化は発音と対応しておらず、純粋な書き言葉として憶えなければなりません。移民の親たちの中にはフランス語が書けない人もいますし、そもそも文字のない社会から来た人たちもいます。実際、子どもたちは映画の中で、「親は語尾変化など書けないけど、生活に困ったことなどない」と発言します。

さらに、そうした移民の子としてフランスに生まれたときに、自分たちを植民地化したフランスの伝統文化をどの程度、尊重する気になるでしょうか。彼ら・彼女からすれば、どれだけ「生粋の」フランス人に近づいたかについてのテストをさせられ、そして、結局、絶対に自分たちが「生粋の」フランス人には勝てない仕組みになっている八百長レースをさせられているように感じることでしょう。発達段階は、学校に入る前、あるいは、学校の外で、どのような環境で暮らしているかによって、大きく異なってきます。

人間の発達は、環境に働きかけることから生まれてくる能動的なものであるとはいえ、私たちは最初から自分が選んだ条件に生まれるわけではなく、他者が設定した環境の中に投げ出されて生きています。★10 生態心理学の表現を使えば、私たちは、先人たちや他人たちがある仕方で構築したニッチの中に生まれてしまっており、そこに存在するアフォーダンスを利用して生きています。環境構築が自分の自由になる領域は、私的な領域、たとえば、個人宅などに限られており、その家もある程度においてて他者によってセッティングされています。生態心理学の立場に立てば、ニッチ構築に参加できなければ、真の自律性は得られないことになります。

このように発達の障害の問題を論じるに当たっては、それを取り巻いている文化的環境を無視することはできません。子どもに期待される行動には文化差があります。社会の中で何が重大な「障害」として認知されるかには、質的・量的な差異があり、その気づかれ方にも違いがあるのです。★11

ピアジェへの批判（2）：どこに向かった発達なのか

ここから第二の批判につながります。すなわち、ピアジェに代表されるような発達心理学の発達の方向性は、特定の文化のあり方を到達すべき目標として設定しているのではないかという問題です。標準的フランス語の獲得を言語発達の基準としてしまえば、方言や他の言語を使う家族や環境で育った子どもは不利となります。ここでの問題は、単に、方言や外国語を第一言語とする子どもたちが不利になるというだけの話ではありません。その教育目標そのものが適切かという問題が根底にあるのです。すなわち、「正しい」フランス語を獲得すべきなのか、あるいは、本人にとっての第一言語を発展させなくてよいのかという問題です。これは言語教育や人文社会科学の問題にとどまるものではありません。

言語学習は、その子どもがどのような家庭環境や文化環境で育ったかで、大きく学習度に差がつきます。同じことは、算数・数学や自然科学にも言えます。自然科学は決して無色透明で中立的な知識ではありません。たしかに自然科学は、同じ方法と同じ条件で実験・観察をすれば、誰もが同じ事実に到達できるという意味において、客観的で普遍的にアクセスできる知を目指しています。にもかかわらず、自然科学は、ある意味において人間の価値から自由なわけではありません。それは一定の仕方で自然を眺める態度を要請します。近代科学は、自然は法則に従って正確に動く機械であるという機械論的な自然観を背景にして推進されました。機械論的自然観は、単に自然科学の範囲だけではなく、それを生み出した西欧社会の文化のあり方と密接に結びついています。

たとえば、ガリレイやケプラー、ニュートンといった近代科学者は、自然法則は神の意図の数学的・幾何学的な表現であるという宗教的信念に従って研究をしていました。ニュートンは、近代科学の完成者でもありますが、同時に、占星術的な動機も持っていました。あるいは、ヴェルサイユ宮殿の庭園は幾何学的にできていますが、これは、自然は幾何学的であるとの当時の機械論的自然観に従って設計されたからです。近代科学はかなりの程度まで成功したのですが、そうした近代科学の背景にある信念や自然観そのものが合理的な根拠を持っているわけではありません。他の宗教観や自然観を持つ文化では、近代科学は理解しにくい背景を持っていると言えるでしょう。

現代社会で追求されている科学は、今述べたような近代科学の単純な継承ではありません。現代の物理学は、ニュートンに代表される近代科学とは大きな断絶を経ていますし、それはもはや西洋文化中心的な世界観を表現していると言えないでしょう。他の文化に属する人々からも、現代物理学に多くの貢献がなされています。ですが、私がここで強調したいことは、自然に対して一定の科学的な態度をもって観察し扱うというのは、単に科学だけの問題ではなく、より大きな社会や文化の枠組みが関わる問題だということです。

現象学者のメルロ＝ポンティは、一九四九〜五二年の間、ソルボンヌ大学の児童心理学・教育学の主任教授でしたが、彼はその講義の中で、ピアジェの認識発達の理論が、あたかも子どもの発達が、最終的に現代物理学者の認識に到達することにあるかのように設定していることを批判しました。ピアジェは、現代物理学の達成を、知的発達が到達すべき唯一の状態であるかのように絶対視しており、別の分野の学問や別の種類の知的活動（たとえば、文学や詩の執筆、音楽や絵画などの創作や演奏）、あるいは、実践的な知のあり方などを軽視しているのだとメルロ＝ポンティは指摘します。

ピアジェの発達観は、西洋の自然科学の達成を基準として測られています。ピアジェは自分の研究を「発生的認識論」として、西洋の科学的達成をあたかも進化論で言う系統発生であるかのように見なし、個人の発達を進化論での個体発生であるかのように論じています。自然科学者の知のあり方を理想型とする教育は、はたしてあるべき唯一の教育でしょうか。あるいは、各社会が、西欧社会の文化を理想型とする教育を行うことに、どこか偏りはないでしょうか。メルロ＝ポンティは、ピアジェの発達心理学を西洋中心主義の一種であると厳しく批判します。★12 文化心理学は、発達という概念は教育という営みから分離できないことを強く主張します。現代社会の特定の理想や規範を到達基準として教育を行い、その達成度に応じて子どもの発達を測るというのは、子どものクオリティー・オブ・ライフを向上させることとどのようなつながりがあるのでしょうか。

ピアジェへの批判（3）：教育における人間関係

以上に述べたように、発達は、何をどのように教育するかということから分離できません。ある社会の発達観は、その社会の文化的な価値や規範を担っており、それらをどの程度身につけたのかという尺度から測られます。そしてその社会から遠く離れた社会の人々は不利となります。ピアジェの発達段階説は、先進国の科学技術中心の社会的な価値と規範を内在化させた考え方だったと言えるでしょう。彼は、個人の知的発達と文明における認識の発展を平行して論じますが、これは個体発生と系統発生を同じ過程と見ているからです。

第三の問題点は、発達の過程に関する問題です。ピアジェの発達理論は、個人内部のシェマの発達に注目しました。これに対して、同じくフランスの発達心理学者であるアンリ・ワロンとの間で論争がありました。この論争はすでにかなり論じられていますが、ピアジェの発達観が、知能や思考の個体発生の構造的な変化に力点を置いていたのに対して、ワロンは、個人と環境、個体と他者を切り離さずに、それらの相互作用によってパーソナリティ全体の発達を理解しようとします。この立場は、関係論的なホーリズム（全体性）と呼ばれることがあります[★13]。

先ほども取り上げたメルロ＝ポンティによれば、ピアジェの理論は、子どもが、ある一定の環境の中で、とくに周囲の人々との人間関係の中で成長するものだという事実をあまりに軽視したものです。知性は、感情と別物ではありませんし、感情は知的な能力を必要とします（感情の豊かな生物が、同時に知的に優れた生物であることを考えてください）。たとえば、メルロ＝ポンティは、知的発達が脱中心化にあるとしても、さまざまな他者のパースペクティブを自分の中に取り込むためには、他者にいったん、共感しなければならないと指摘します。自分の現在の視点やものの見方を他者の観点とすりあわせて、より広い均衡に至るには、他者との交流が必要であり、そのためには他者と関係を持たなくてはなりません。したがって、他者と共感し、他者と関係を築き上げる感情は知的発達の基礎であり、人間の認識は人間関係を通して徐々に脱中心化するのです。むしろ、知性とは、この人間関係を形成する力の別名なのではないでしょうか。発達における感情的な人間関係を、ピアジェの理論は十分に注目していませんでした。

また現在の発達心理学では、ジョン・デューイの教育哲学やレフ・ヴィゴツキーの発達心理学に依拠しながら、人間の発達を人間同士の相互作用の中で捉えることの重要性が強調されています。ピアジェは、対象と人間との間のインタラクションは重視していても、学習を推進する上での人間同士のインタラクションの重要性を十分強調していなかったと批判されています。

ヴィゴツキーは、子どもがひとりだけで問題を解決する能力と、教師や友人と共同して問題を解決する能力の差異に注目しました。★14 彼の考えでは、個人の発達とは、社会的に共有された認知過程を「内部化（internalization）」することにあります。思考とは、集団の中での言語的コミュニケーションを内部化することによって成り立つのです。

また、ヴィゴツキーは「発達の最近接領域」という重要な概念を提案しています。子どもが現在、独力で問題解決できる「現下の発達水準」と、教師の指導や仲間の援助を受けることで解決できるようになる水準との間に違いがあります。このズレのことを、ヴィゴツキーは、「発達の最近接領域」と呼びます。教育における問題は、子どもがただ自力で成長できるかどうかではありません。教育的な介入、指導や援助を受けることによって、子どもにどれほどの成長が望めるのか、「伸ばせば伸びる能力」は何なのかが重要なのです。ヴィゴツキーの洞察の最も重要な点は、発達とはつねに教育と対にして考えなければならないこと、そして、教育とは、教師や級友などの人間同士の相互作用の中で行われる一種の人間関係であることを指摘した点です。

生態学的な発達論へ

これまで三つの点にわたって、ピアジェの発達理論を批判してきました。しかしながら、最後に触れたヴィゴツキーも、じつは筆者の生態学的現象学の立場から見れば、いまだに発達を内在化として捉えている点において不十分に思われます。ヴィゴツキーは、子どもの発達においては教育者が子どもの発達の構成因子となっていることを指摘しました。これは非常に重要な指摘だと思います。ですが、個人の発達とは、社会的に共有された認知過程を「内部化」することだというのは、ピアジェと同じように個人の内的能力に重きを置きすぎに思われるのです。

たとえば、言語の発達を考えてみましょう。言語の本質は、他者とのやりとり、つまり、コミュニケーションにあります。話し手が発話し、聞き手の返答が返ってきます。発話した者が期待しているのは、聞き手による返答であり、反応です。話者が聞き手に期待しているのは、聞き手が何かを返答し、賛同し、共感し、あるいは、反駁し、口を結んで黙り込み、何かの行動を起こすことです。ここには、言語的な反応だけではなく、声色、表情や仕草など全身の反応が含まれています。そうした言語的・非言語的な返答や反応することの中に私の発話への理解があるのであって、発話の理解とは発せられたメッセージを自分の中にしまい込むことではありません。理解とは能動的な返答の中にしか存在しえず、理解はコミュニケーションの一部として相互のやりとりの中に組み込まれているはずです。

言葉のやりとりとは、あくまで双方向的な過程です。相手の応答によって私の話すことは決まりますし、相手の態度によって話す内容も変わってきます。そう考えるなら、言語の発達を、文法や語彙を獲得して、それに基づいて発話が生成されて、発話が理解されるというあたかもコンピュータ・プログラムのように見なす言語発達観にはあまりに大きな問題があります。こうした言語観は、言語の生得性を重んじる言語学の一派や、認知科学に依拠した言語発達論が好む見解です。

しかし、生態学的現象学の立場に立つならば、私たちは言語的なコミュニケーションをするときには、前もって教科書に書かれているような文法や語彙を獲得している必要はありません。私たちは、しばしば言語を誤って用いますが、そうした表現でも相手に通じて、会話は続行します。子どもがおかしな言葉使いをしても、「こういうことが言いたいのでしょう」と訂正できます。人間の会話は、さまざまな状況と文脈の中で、必ずしも安定しない発音で話されます。発音や単語の意味についても、話者の間でも大きな差異があり、ひとりの話者の中においても変異が生じています。にもかかわらず、私たちの間でそれなりのコミュニケーションが成り立ち、誤解や間違いが修正されているのです。ということは、私たちは言葉でのやりとりを始める以前に、他者を理解してコミュニケーションするもっともっと深い能力を持っているはずなのです。そのような、深い次元での他者とコミュニケーションする能力、相手の意図を解釈したり、相手に自分の意図を伝えたりする能力とはそもそも何でしょうか。
それは、聞き手は話者の言いたいこと、発話の意図を理解するという言語以前の対人関係を作り出す能力です。生きたコミュニケーションの中でやりとりする話し言葉は、教科書に載っている文法や語彙のような固定的なルールによって生成されるのではありません。文法学や言語学で扱われる言葉は、自然なコミュニケーションの流れの一部分を抽象的に取り出したにすぎません。

話者は、発声以外のさまざまな手段、たとえば、身振りや表情、まなざしを総動員してコミュニケートしようとします。聞き手は、それらの身体的な表現を捉えながら、相手の言葉をその広い表現の文脈の中で理解しようとします。私たちの身体は、その個々の微細な動作、四肢の動き、表情、声色、とりわけ眼と口の動き、全身の緊張と弛緩の中に、その人と世界との関係のあり方を表現しています。私たちは、相手の身体の動きの中で言葉を理解し、それに応答しています。生きた会話は、言語学的な抽象物にすぎない言語体系とは違って、一回限りの反復されない出来事です。そして、その出来事には、話し手と聞き手のみならず、その会話に先行する他の人たちの発話が結びつき、さらに、自然環境や社会文化、歴史、私生活などのさまざまな背景が関連しています。コミュニケーションは全人格的交流であり、言葉のやりとりはその一側面にすぎません。

生態心理学でもしばしば言及される発達の研究者、ティーレンとスミスは、『認知と行為の発達についてのダイナミック・システム・アプローチ』という著作の序論の中で次のように述べています。「私たちは、現在の認知理論とは根本的に決別することを提案する。行動や発達は構造化されているように見えるが、じつはそうした構造など存在しない。行動や発達はルールに導かれているように見えるが、じつはそうしたルールなど存在しない。存在するのは複雑性である。知覚と行為のあいだの、多元的で、並列進行的で、連続的で、ダイナミックな相互作用こそが存在するのである」★15。

このように言語のやりとりとは、相手との連続的な共同作業です。それも身体全体を使った、全人格的な交流です。私が問いたいのは、こうしたやりとりの中で、私たちは何を内在化したと言えるのかということです。私たちは、新しい環境で、新しい人々との間で、いつもコミュニケーションがうまくいくとは限りません。コミュニケーションとは、互いの身体を介して、何か作品のようなものを（必ずしも、それを意図せずに）共同的に創発させるような過程です。それは、たとえれば、ダンスのような、音楽のセッションのような、対人スポーツのようなものです。そして、コミュニケーションに参与している個人は、自分たちが生み出した作品によって自らが変わっていくのです。

であるとするならば、私たちは言語的な交流をするときに何を内在化させるのでしょうか。私は、ヴィゴツキーも、コンピュータのように、人間が言語を話したり、理解したりするには、辞書に書いているような文法や語彙をマスターする必要があると考えたのではないかと思います。

これまで私たちが見てきた生態学的現象学やケイパビリティ・アプローチの考え方では、人間の能力は、つねに環境中のアフォーダンスと対になって成立します。どのような能力も、それを可能にする環境中の特性を前提としています。私たちの能力は、個体の内部に閉ざされた過程などではなく、環境とのインタラクションにこそ、その本質があります。したがって、もし、ヴィゴツキーが、個人が社会的に共有された認知過程を「内部化」できると考えたのなら、その能力がどのような環境で可能になるかについて注目し損なっていると思われます。社会的な認知過程がどのような環境のセッティングにおいて成立しているのかを考える必要があるのです。「内部化」あるいは「内在化」されたということとは、生態学的現象学の見方では、ある特定のセッティングで適切なやりとりができるようになるということに他なりません。

しかしながら問題は、その環境のセッティングが、その個人にとってどれほど「内部化」しやすい環境であるか、言い換えるならば、その個人にとって、そのセッティングがどれほどやりとりを学びやすい環境であるかを問うことができます。ケイパビリティ・アプローチを取り入れた考え方では、障害が医学的な意味での心身の損傷には還元できません。WHOによる国際生活機能分類（ICF）による障害の定義も、障害は、個人要因と環境因の複合的な作用の結果であることを強調しています。すなわち、人の生活機能と障害は健康状態と背景因子（環境因子と個人因子）の相互作用によって決まると考えるのです。

たとえば、脳性まひによる運動障害から車イスで移動している子どもが、近所のスーパーマーケットに買い物に行けないといった場合、その原因は複合的かもしれません。スーパーへの上り坂がきつく、車イスの動力が不足しているのかもしれない。あるいは、その地域が障害に対して理解のない地域であり、近所の目を気にする祖父母が子どもに外出を気兼ねさせているのかもしれない。あるいは、本人の内向的な性格が原因かもしれない。あるいは、スーパーの顧客対応が不親切であったり、バリアのある環境であったりして、子どもが行く気を失っているのかもしれない。このように、環境の不備が、子どもを「できなくさせている」こともあるのです。障害に関する周囲の無理解や偏見、隔離された環境、適切でないカリキュラム、教育方法の不十分さ、教師の未熟さ、医師の知識と見識不足、制度の行き届かなさ、などといった環境因が、障害を持った子どもを「できなく」させます。こうした人のケイパビリティを縮減させる環境を、「ディスエイブリングな（disabling, できなくさせる）」環境といいます。

発達と自律性

ケイパビリティ・アプローチも、生態学的現象学も、能力を個人に内在する力と考えずに、つねに環境との相互作用として成り立っていることを主張します。ここから、発達について二つの見解を提案できます。

ひとつは、発達とは、教育との関連で測られる能力です。発達の度合いとは、現在の社会が子どもに獲得してほしい能力の達成度として判断されます。この点は、ヴィゴツキーが「発達の最近接領域」という概念を使って論じたとおりです。しかしながら、発達と教育が密接に結びついているということは、現在の社会の持つ価値と規範に沿った形で子どもの発達の方向性を絞ってしまうことでもあります。たしかに、将来、子どもは社会の中で生きていくのですが、現行の社会の価値や規範を一方的に教え込み、社会化（社会に順応させること）する教育に陥ってしまう可能性があります。障害のあるお子さんの教育でも、日常生活動作を何としても獲得させようとする教育はそうなりがちです。

教育の価値について論じた『ケアの本質』という著作の中で、著者のメイヤロフは、「一人の人格をケアするとは、最も深い意味で、その人が成長すること、自己実現をすることをたすけることである」[★16]と述べています。メイヤロフのケア論は、看護や医療の領域でしばしば言及されますが、もともとメイヤロフはケアを教育にとっての本質と考えていました。この考え方を参考にすれば、教育の目的とは、子どもが自らのクオリティー・オブ・ライフを高め、将来にわたってその維持と発展が可能になるようなケイパビリティの開発を支援することにあると定義できます。したがって、本人にとってどのような状態がクオリティー・オブ・ライフの高い状態であり、どのようなケイパビリティを開発すれば、それに至る選択肢を増やすことができるのかについては、最終的に本人が自律的にそれを見いだし、選択していくしかありません。メイヤロフによれば、自律とは自己の生の意味を生きることであり、それは自己理解を前提としています。

しかし教育においてこうした自律性の支援が難しいのは、学習者が子どもだからです。これまでの考え方では、子ども、とくに低学年の児童は自律性に欠けた存在であると見なされ、大人が方向性を与える必要があると考えられてきました。この考え方は、しばしば子どもの自律性を剝奪して、親や教師、社会による本人の意思を無視した権威主義的な介入を招いてきました。

ですが、現在では、子どもにこれまで以上の自律性と自己決定を認めていく教育方針は、海外ではますます重視されています。先進各国では、子どもの自律性を認め、それをさらに高める運動が起こっています。一九八九年に国連総会で採択された「児童の権利に関する条約（子どもの権利条約）」（日本は一九九四年に批准）の第一二条では、「自己の意見を形成する能力のある児童がその児童に影響を及ぼすすべての事項について自由に自己の意見を表明する権利を確保する。この場合において、児童の意見は、その児童の年齢及び成熟度に従って相応に考慮されるものとする」と宣言されました。子どもには、自分の教育に関する意見表明権があります。子どもは、自分に関係のある事柄について自由に意見を表したり、集まってグループを作ったり、活動する権利を有していることが認められているのです。

意見表明権は、子どもが自分の学習内容や方法についての発言を認めた画期的な条項です。子どもの権利条約では、この意見表明権以外にも、「望むなら、親といることを選択する権利」（九条）や「平和的に集会を組織する権利」（十三条）を認めています。これらの条項は、子どもの自律性は、従来、考えられているよりも早く成立しているという考えに立ち、子どもの自律性をさらに促進させる方向性を示しています。実際に、先進国では、子どもを当事者と見なして、学校のカリキュラム、教授法、学習法に子どもの観点を導入する試みが広まりつつあります。そこでは、学習者である子どもは、教育者から受動的に教授内容を決定されるのではなく、両者は一種の契約関係にあると捉えられています。また、世界人権宣言第二十六条によれば、「親は、子に与える教育の種類を選択する優先的権利を有する」。この点からも、学習者と保護者の学習計画への参加は尊重されねばなりません。

学習者の現状と今後の社会の動向を見据え、子ども、保護者と教師が共同で学習目標を設定していくことが、教育における自律性です。教育の目的や目標の設定に、子どもや保護者が参加すべきであるのは、当人のとっての人生の価値、つまり、質の高い生活とは何かについて考えてもらうためでもあります。子どもは自分の発達について自律的であるべきですが、日本で「子どもの意見表明権」などの子どもの自律性への注目は強いとは思えません。

第二は、人間の能力が、つねに環境との関係によって実現されるならば、発達とは、本人の内在的な性能の向上だけではなく、環境のセッティングの変更、新しい環境の開発、環境とのマッチングといった環境への働きかけができるようになることも含まれます。

先の脳性まひによる運動障害から車イスを利用している子どものケースを考えてみましょう。この子どもにとって移動する機能の発達とは何でしょうか。歩行訓練をすることでしょうか。そして、その訓練で、坂道でも買い物に行けるような能力を獲得することでしょうか。ですが、障害に対して理解のない地域と、近所の目を気にしてしまう祖父母は、どうすればよいでしょうか。スーパーのバリアフリーでない環境はどうすればよいでしょうか。この場合に、この子どものクオリティー・オブ・ライフを向上させることとは、必ずしも歩行訓練することだけにあるのではないはずです。むしろ、理解のない地域に対してバリアフリーの必要性を説く能力、優れた車イスを開発してもらう（自分で開発してもよい）ことのほうが、この子どものクオリティー・オブ・ライフを高めていくことでしょう。同じことが、他の教科などでも言えるはずです。

たとえば、計算という能力であっても、健常な人であっても暗算でこなせる範囲はきわめて限られていて、それ以上の計算は、筆算のための筆記用具と紙、あるいは、計算機を必要とします。計算という機能には、筆記用具と紙、計算機といった人工物が必要なのです。手に運動障害があって鉛筆をうまく使えない子どもは、標準的に与えられたニッチ（すなわち、紙と鉛筆を使って計算するという教室でのセッティング）の中では、算数の問題ができないでしょう。そこで、鉛筆と紙といった標準的な道具ではなく、舌や指などの身体部位で操作できるコンピュータを与えれば、その子どもは算数の問題が解けるようになるはずです。これは、ニッチを改変することによって能力を開発できた事例です。教育とは、ひたすら本人に努力を求めるものではなく、環境と行為者の有効な関係を構築することでもあるのです。

子どもの発達は、何を教育するかと相関して測られます。発達が自然に決まった過程であるという考え方を見直して、子どもの特性や個別性に応じた教育方法・カリキュラム・教材を開発することが教育につながります。発達とは、自分に適合したニッチを選択したり、構築したりすることも含まれるのです。

第三章

表現としての身体から当事者の参加へ

コミュニケーション能力の意義

さて、話を筆者が、国立特殊教育総合研究所で研究していたときに戻しますと、筆者は、一九八九年から六年計画の「心身障害児の運動障害に見られる課題とその指導に関する研究」、それに続く、一九九六〜一九九七年には、同研究所の日独科学協力事業共同研究「重度心身障害児の意思表出支援システムの開発に関する国際共同研究」、さらに、翌一九九七〜一九九九年の特別研究「心身障害児の書字・描画における表出援助法に関する研究」に研究参加させていただきました。

これら一〇年にわたる一連の共同研究には、いくつかの特徴がありました。ひとつには、学校現場の教員のみならず、障害を持った子どもの保護者の方たちに研究参加していただいたことです。これは後で述べますが、いまだに研究者主導の不完全な形だったかもしれませんが、「当事者」の観点の重要性を自覚していたからです。これについては、後に説明します。

もうひとつの特徴は、障害のある子どもたちのコミュニケーション能力を伸ばすことを最も重要な目的と考えていたことです。とくに、脳性まひや発達障害が原因で、言語がうまく使えない子どもたちの身体的表現を支援し、それを発達させる具体的な方法を開発することを主要な目的としました。

なぜ、私たちのグループはコミュニケーション能力の向上を最も重要な課題と位置づけていたのでしょうか。それは、教育の目的が何かを考えたときに、従来の教育のあり方を見直す必要があると考えたからです。とくに共同研究をしていた教育者の方々には、従来の特殊教育やリハビリテーションに対する強い反省意識がありました。重度・重複障害児といわれる子どもたちは、病理的な要因により、四肢の動きや表情や発声に大きな問題を抱えていますが、加えて知的な側面においても重篤な障害を被っている、とこれまで捉えられてきました。そうした場合、教育活動に直接関わる大きな困難は、子どもたちが何を考えて何を要求しているか、当人の内的な状態を、関わる側が明確に把握することの難しいことにあります。この問題は、養護学校教育を義務制実施した一九七九年以降、重度・重複障害児といわれる子どもが学校教育の対象として組み込まれて以来、今日に至るまで普遍的な課題として存在し続けています。しかしながら、特別研究「心身障害児の運動障害に見られる課題とその指導に関する研究」の研究過程では、これまで「この子は周りのことを理解できていない」と思われていた子どもたちの中に、周りで起こっていることや周囲の人々が話している内容のことなどをすべて、あるいはかなりの程度において理解している子どもがかなり存在する、ということが分かってきたのです。このように子どもの置かれている状態と能力についての理解不足が生じてしまうのは、教師の側に子どもとの双方向的な関わりを発展させようとする意識が足りなかったのではないかという深い反省があったのです。

治療と教育

以前の特殊教育では、「治療」や「医療」をモデルとした教育が行われてきたといってよいと思います。この考え方はいまではさまざまに批判されておりますが、まだ一般の人々や、一部の研究者からは完全に払拭されていないように思います。障害のあるお子さんは、実際に、障害や病気にかかっているのだから、なぜ「治療」ではいけないのだと思われるかもしれません。たしかに、進行性の病であれば、治療しなければ大変に深刻な状態になりますし、脳性まひのような進行しない障害でも二次的な障害や疾患を生むことがあります。医学的な措置の必要性を無視しているわけでも、軽視しているわけでもありません。

しかし「治療」とは何であるかを少し考えてみましょう。治療とは、疾病にかかった人を健康な状態に戻すことです。健康状態とは何でしょうか。生物は、そもそも、さまざまな外的・内的要因による自己の状態の変化に対して、さまざまな仕方で対応して自己を維持する自己調整的な機能を備えています。たとえば、私たちは、外気の低下に対しても、血圧を上げたり、身を震わせたり、暖かいところに移動したり、食物を取り脂肪を蓄えたりなどして、体温を一定のレベルに維持しようとします。健康な状態とは、単にその個体が生命を維持できているということには尽きません。個体は、病気であっても生きているのであれば、生命を維持できているからです。そうではなく、健康とは、生命を維持するのに一定の自由度、あるいは、一種のゆとりや遊びを有している状態ということができます。

たとえば、外気が冷たくなっても、血圧を上げることができなければ、適応する手段がひとつ減じてしまいます。あるいは、関節炎が悪化している患者は、四肢を真っ直ぐ伸ばした状態を保ちにくくなります。こうした状態でもなんとか歩くことはできるのですが、いろいろな姿勢をとることのできた以前の状態から比べると、取れる姿勢の柔軟性や多様性が失われています。身体の調整能力が自由度や柔軟性を減じてしまっていて、変異を許容する力が極端に減じている状態が「病理」と呼ばれるのです。医療は、さまざまな方法でこの調整能力を豊かにしようとする措置です。ある場合には、身体を元の状態に戻そうとしますし、別の場合には、継続的な投薬で身体の機能を補おうとします。膝に問題があれば、人工的な軟骨や骨を入れる場合もあるでしょう。あるいは、ペースメイカーや人工内耳のように機械を埋め込んで、身体の働きを補綴しようとする場合もあります。

ですが、いずれの場合でも、「治療」という行為は、その人の「もともとの状態」に戻そう、つまり「回復」という意味が含まれています。このもともとの状態というのが分かりやすい場合もあります。たとえば、コレラ菌を取り除き健康状態に戻すとか、骨折部を以前の通りにつなげるとかは、もともとの状態に戻すという意味での治療の概念がうまく当てはまります。しかし、そうではない場合もあります。加齢と関連して疾患が出た場合にはもともとの状態に戻すということはできないですし、困難な進行性の病などでも元に戻すことは不可能でしょう。このように、治療においても「もともとの状態に戻す」という表現が不適切である場合があります。

この「もともとの状態に戻す＝回復」という考え方は、教育に当てはめるとさらに不適切になっていきます。治療とは、個人の健康だった定常状態へと戻すことです。しかし、発達は成長による変化を伴うものであるゆえに、戻すべき原状なるものがありません。そこで持ち出されてくるのが、平均という考えです。平均的な発達のあり方を統計的に割り出し、そこから偏差のある子どもの発達状態を定型的な平均に近づかせようというのが、治療的な教育です。ここでは、個々人にとっても平衡状態であるはずの健康が、多くの人々の平均値へと意味がずらされています。健康と平均とはまったく違った概念ですが、混同されています。健康診断などでも、平均値が健康の基準とされていますが、何歳の男女では血圧はどれくらいがよいというのは、それなりの因果的な根拠があるはずです。たとえば、この年齢でこのくらいの血圧の人は、どの程度の割合で脳出血になりやすいといった統計学的な意味とその間の因果関係です。

しかし、発達や教育という領域において、平均という考え方は当人にとってどれほどの意味があるでしょうか。ここで、先に論じたように、教育において標準とされる発達の方向性と段階を示すのは、現在では発達心理学の役目です。しかし、ピアジェにおける発達の方向性と段階という考え方に問題があることは、すでに論じたとおりです。それでも、心理学的な発達の標準形に応じて、規格化された教育方法やカリキュラム、教科書、評価法が作られています。そして、この「通常」や「標準」とされる仕方で教育を施しても子どもの学習に問題がある場合には、問題の原因は子どものほうにあるとされ、その子どもは「異常」や「特殊」と見なされます。「異常」な子どもたちは「正常」な子どもから分離して、障害別にふりわけられ、専門家による最善の治療を受ければよいとされます。平均的であることが正常と同一視され、平均とはすべての子どもがそこに合わせねばならない規範となります。こうして、以前の特殊教育は、「正常」への回復を目的として、自分の障害を「克服」するためのスキルや能力を個人に獲得させようとしてきました。そして、「正常」に到達することができて初めて、その子どもは社会参加できるとされてきたのです。

こうした教育観の問題点はすでに明らかです。ここで言われる障害の「克服」とは、多くの人の平均であるような「正常」に適合することを意味しています。この「正常」とは、教育する側にとって一律に効率よく扱える標準のことです。ミシェル・フーコーは、『監獄の誕生—監視と処罰』★1という著作で、近代社会がいかに人々を一律の規格にはめようとしてきたかを詳述しています。それによれば、近代社会は、人間の身体を一定の仕方で訓練し、その振る舞いを型にはめることによって人々をコントロールしてきました。細部にまで至る身体のコントロールは、監獄、病院、工場、軍隊、学校など、少人数で大人数を管理しなければならない施設において実践されてきました。社会における規格化と画一化は、一度に大量の人を扱えるために、社会を運営している側にとっては簡単で、効率的な方法です。しかしこの方式では、個々人のニーズはないがしろにされ、規格に合わせられない人々は排除されます。私たちは、子どもの発達を促すためにカリキュラムや教育方法が開発されるべきところを、逆に、標準的な教育方法やカリキュラム、教科書に沿う形で「発達」を測り、教育の方法を定めてしまうのです。

フェミニストにして教育哲学者のネル・ノディングスは、同一のカリキュラムや同一の教育方法はむしろ子どもに不平等をもたらすと指摘しています。★2 最後の結論で詳しく述べますが、刈谷が的確に指摘しているように、日本では、児童生徒は同一のカリキュラムで教育されるべきだという考えは根強く、同一の教育は民主主義に必要だとさえ言われます。★3 しかし、この通念はまったく間違いだと思います。平等な教育とは同一の教育のことではありません。ノディングスは次のような見事な指摘をしています。「利益のあるなしにかかわらず、すべての子どもにまったく同一の教科を学習させることになる計画は、それに内在的な利益を感じている者、あるいは、子どもの生来の利益よりも外在的な利益を重要視している家族を、間違いなく利するように思われる」★4。

先の文化心理学の観点を持ち出すならば、その「同一」の教育が家庭環境や地域環境において身近なものであるような子どもたちは、そうではない子どもたちよりもずっと有利に学習できるはずです。誰に対しても同一のものを与えるのは、不公平なのです。このことは、障害のある子どもの教育を考えたときにまさしく明らかです。視覚障害のある子どもに、他の子どもと同じように文字で書かれた教科書で教えることは不公平でしょう。同じことがあらゆる場合に言えます。日本的な画一教育を主張する教育者たちは、障害のある子どもたちをまったく忘却している、あるいは排除していると言われても仕方ありません。

教育と治療を混合することの問題点は、まだあります。たとえば、脳性まひによる運動障害や自閉症スペクトラムのような発達障害に対する教育やリハビリテーションには、「治療」という概念を当てはめることは相応しくありません。なぜなら、たとえば、脳性まひ者や自閉症者の脳状態を「もともとの状態に戻す」方法など、現在の医学には存在しないし、おそらく、将来も存在しえないからです。脳内を直接に操作して特定の神経同士を接続させる方法など開発できそうにないですし、どこをどう接続させればよいのかも、おそらく正確には知りえないでしょう。脳は、個々人がそれぞれに異なっていて個別性が強く、さらに経験によってどんどん変化していく可塑性に富んでいるからです。いえ、それ以前にそもそも、発達障害が脳神経のネットワーキング形成の発達上の問題である以上、「もともとの状態」などないし、「もとに戻すこと」ということ自体が意味をなしません。したがって、すべてではないにせよ、かなり多くの障害については、それを「原状に戻す」ということが困難であったり（難病の場合など）、その言葉を当てはめること自体が不適切であったりする（知的障害、発達障害など）のです。

教育のユニバーサルデザイン

ある人間を「異常」として定義すれば、「正常」へと矯正しようとする方向性の教育が行われるでしょう。そして、発達における「正常」とは、先に論じたように、社会においてマジョリティがたどる定型的な発達の経路を指すことになるはずです。たとえば、日常生活動作（ＡＤＬ：Activities of Daily Living）訓練では、障害によって困難、もしくはできなくなった基本動作（起居・移動・更衣・整容・食事・排泄に関わる動作など）をなるべく一人でできるように指導してきました。理学療法では、ＡＤＬの獲得を目指した訓練がなされます。これらの訓練は有効なこともありますし、当事者の意思や自律性を尊重することとＡＤＬ訓練とが本質的に矛盾するわけでもありません。

しかしそうした訓練の問題は、平均的な日本人の振る舞いと同じような動作を獲得させることが、その当人のクオリティー・オブ・ライフを上げるためではなく、しばしば学習の目標そのものになってしまう点です。それは、特定の文化における標準的な振る舞いのパターンを、万人に同じ形で習得させようとする考え方です。

たとえば、重い運動障害を抱える子どもに、他の人と同じ服装を自分だけで着衣することを訓練させることは、教育的に、あるいは、福祉の観点からも有意義とは言えません。運動の困難ゆえに、その着衣の訓練にあまりに時間がかかってしまえば、他に学ぶべきことに時間が割けなくなってしまいます。また仮に着衣ができるようになったとしても、自分で衣服を着るのに二時間もかかってしまうようでは、実際には外出は難しくなってしまいます。むしろ、他人の助けを借りて一五分で衣服を着て、仕事に出かけられるならば、そのほうがはるかにクオリティー・オブ・ライフを高めることができます。あるいは、やはり手の運動に障害のある子どもに、鉛筆で字を書かせることを学ばせようとする先生は、その目標設定が適切かどうかを考える必要があるでしょう。その子が、簡単な計算をするのに、一時間もかけてノートに手書きしているようなら、計算としてはほとんど実用性がありません。その子どもの知的レベルが高い場合には、そうした訓練は絶望的なまでに退屈なことでしょう。自閉症者のリチャード・アトフィールドは、教師や医師が彼を無能力であるかのように扱ったときのフラストレーションについて書いています。お金を数える仕方とか時計の読み方など、彼にとっては簡単すぎる授業内容を毎回毎回繰り返されたときには、彼は絶望の淵に追いやられたと言います。★5

手の運動に障害があるならば、そのリハビリをするのとは別に、動かせる身体部位を使って動かせるコンピュータを使うことを学べばよいのです。その子はパソコンでさまざまなことを表現できるようになり、算数や数学をもっと学んでいけるでしょう。文章を書くのであれば、手書きではなくとも、スティックや口で操作できるワードプロセッサーを利用してもよいはずです。コミュニケーション能力を発達させたいのであれば、ボタンを押すと簡単な文章を音声してくれるトーキング・エイドなどの操作しやすい手段が存在します。それら機器を操作できれば、鉛筆による筆記は必ずしも必要ありません。私たちの研究所では、コンピュータの専門家が、腕の細かい動きが不自由でも操作しやすい大型の入力ボードを作ってくれました。それほどハイテクな機器ではありませんが、これを受け取った子どもは、それから喜々として毎日文章を打つようになりました。その子が手書きしたのでは、到底、ありえない早さで、です。

コミュニケーションに関しても、「拡大・代替コミュニケーション（Augmentative & Alternative Communication）」という方法論があります。これは定型的なコミュニケーションよりも広い手段を用いてコミュニケーションをすることで、たとえば、文字盤や、コミュニケーションボード、トーキング・エイド、パソコンなどの道具を使ったものから、身振りや指さしなどのボディランゲージの使用も含みます。テクノロジーは、望ましいクオリティー・オブ・ライフを実現する有効な手段を与えてくれます。

しかし、ときに、身体のリハビリに変えて代替テクノロジーを使うことは本人やご家族の気持ちを傷つけることがあります。代替テクノロジーの場合だけではなく、障害を「治して健常者と等しくなる」、すなわち「根治する」という目標から転換して、その人の現在の状態から出発して、できることを探していこうとする方針に切り変えたときには、同じような落胆が生じる可能性があります。それは、いわゆる「障害を受容する」ことになるからです。障害受容とは、障害を負ってしまった人々が自分の現状を受け止めて、その上で自分の障害にどのように対処するかという問題です。それは同時に、当事者に対して周囲の他者がどのように対処するかという問題でもあります。障害受容論は、障害をどうしても根治すべきものとして扱いがちな従来のリハビリや教育に対して疑義を唱えました。しかし他方で、それは根治のための方策を放棄することであり、リハビリや教育をする側の一方的な論理だとの批判もあります。すなわち、「正常」を目指した治療やリハビリがうまくいかなくなったときに、「当事者は障害受容すべきだ」といった言い方がなされがちだというのです。★6

「障害受容」は非常に微妙で難しい問題を孕んでおり、後に再び取り上げたいと思います。いずれにせよ、教育の方針を変えるには慎重さと当事者との十分なコミュニケーションが必要です。本人もご家族も、標準的とされる身体のあり方や振る舞いにとらわれていることがあるのですが、それを「障害受容ができていない」と一方的に断じるのは、教育者やセラピスト側の都合を押しつけになるでしよう。

当事者やその近親者の気持ちと自律的な判断を重んじながらも、他の可能性があることを丁寧に伝える必要があるでしょう。先ほどから述べているように、教育の目的は、本人のクオリティー・オブ・ライフを高めるようなケイパビリティの開発にあります。そして、本人の望むクオリティー・オブ・ライフを実現するのに貢献するようなケイパビリティを開発することが教育の目的です。そしてケイパビリティは、本人の能力と環境とがマッチすることで成立します。現象学やギブソンが指摘するように、人間のどのような能力でも一定の環境下ではじめて可能となり、能力と環境とは対を成していると考えられます。したがって、能力それだけを孤立させて論ずることはできません。教育が発展させようとする子どものさまざまな能力も、子どもの内部に閉ざされた過程ではなく、環境とのインタラクションにこそ、その本質があります。したがって、環境との関連を除いて、「できる・できない」を人間に単純に内在している能力であるかのように考えることは間違いです。健常者とは、環境とのマッチングができているからこそ、「できる」とされるのであり、どのような人も特定の条件下では「できなく」なるのです。どのような子どもも学習でつまずく可能性があります。熊谷によれば、身体障害者の当事者たちの間でも、「あの人は障害受容できていない」というセリフが述べられることがあると言います。そうした当事者は、他の当事者に「多数派と異なる身体を前提に、それに合うように環境との関係を新たに紡ぐ意思や能力が、あの人にはない」と言っているようなものです。これは、環境との関係で測られるべき能力を、再び内在化させようとする回帰現象であると熊谷は指摘します。生態現象学は、この回帰に抵抗するための理論を提供できるアプローチであろうとします。

たとえば、思考[☆1]も内的な心の働きだとは言いえません。計算は思考の一種ですが、それを「内的な心の働き」と呼ぶことはできません。実際には、紙に書いたり計算機の画面上で操作したりせずに、私たちにはどれだけの計算ができるでしょうか。実際の計算のほとんどは、紙・ペンや計算機などの使用を前提としています。計算というもの自体が、根本的にそれらの道具や装置に依存しており、計算とは道具の使用を含んだ実践知です。

☆1：「思考（考える）」とは、その定義上、ただぼんやり「思う」ことではありません。「故郷は遠きにありて思考するもの」とは言いませんし、「この計算問題を思いなさい」とも言いません。思考とは問題解決に向けた試みです。

記憶についても、単純に自分の内側に経験を貯蔵することだとは言えません。計算の場合と同じく、実際の社会生活では、記憶は内的なものである必要はまったくありません。私たちは、覚えておくべき事柄を手帳に書き込んだり、コンピュータに記憶させておいたりします。カレンダーを見る、手帳を開く、コンピュータを起動させる、という毎日の習慣を通して、その都度に覚えておくべき事柄を確認します。また、書類、絵画、彫刻、写真、都市建造物、映画などのさまざまな仕方で記憶を外部に保存します。現在の社会生活は、これらの記憶装置なしには成り立ちえません。「暗記」が意味を持つのは試験のときぐらいではないでしょうか。現代のようにコンピュータ機器が広まり、誰でも即座に、広範な情報を集められる時代では、いよいよ記憶の役割は変わってきています。

このように、計算も記憶も、環境との相互作用の中に埋め込まれ、それから切り離すことはできません。心の働きが成り立つにはそれにふさわしい環境、すなわち「ニッチ」が必要です。しかし、これまでの教育は、人間の能力にとっての環境の大切さを忘れてきました。生態心理学は、学習を事柄の内面化と見る従来の心理学を批判します。文化の学習とは、一連の観念を個人の内部に伝達し、蓄えることではありません。生態心理学者のエドワード・S・リード★7は、文化の内容が内面化されたように見えるのは、その人にとって文化環境がすぐに利用可能となっているということに他ならないと指摘します。つまり、文化の学習とは、社会の慣習や約束事が脳の内部に蓄えられたということではなく、ある人が自力で文化活動を行えるように、文化環境が容易にアクセス可能な状態になったということなのです。たとえば、計算能力とは、単に脳内の能力であるはずはありません。紙と筆記用具がなければ、それを的確にすばやく動かす運動能力がなければ、筆算はできず（電卓をたたくこともできず）、計算はできないのです。計算とは何か脳内の抽象的な演算ではありません。それらの道具と身体とをインタラクションさせる技術を獲得することに依存しているのです。このように、文化を獲得するとは、ある社会環境（たとえば、紙と筆記用具を使いこなしていく社会環境）に参加していく仕方を学ぶことであり、社会的実践のノウハウを獲得することなのです。

先ほどから述べているように、既存の教育方法は、一定の能力を持った人を標準にして開発されています。この限られた設定によって、標準的な人たちは、自分の能力が自分の内側に獲得されたかのように感じてしまい、環境の重要性を忘れます。計算能力があたかも自分の内部に備わっているかのように信じてしまいますし、物語を書くということが自分の頭の中でできているように思い込んでしまいます。自分の能力が一定の環境のおかげで成立していることを見失い、自分単独の力でそれを達成したかのように考えてしまいます。

しかし、腕の運動に重い障害のある生徒に対して、大学受験で紙や筆記用具だけを使って計算して解答を紙に筆記するように求めれば、その生徒は決して合格できないでしょう。聴覚障害のある学生は、講義内容を筆記してくれるアシスタントがいなければレクチャーが中心の授業についていけないでしょう。標準から外れている人たちは、社会の全員が共有すべき文化や知識にアクセスできなくなっているのです。（近年、大学受験では、上記のような障害のある受験生に対して対応するようになっています。）学習を何らかの能力の内面化と考える人たちは、文化資源への伝統的なアクセス方法を絶対視する傾向があります。それは、既存のアクセス方法にあわせて人間の能力を鋳造しようとする試みに他なりません。教育にこうしたアプローチをとる人たちは、それぞれの子どもがそれぞれ適切なニッチを必要としていることを忘れてしまいがちです。より容易なアクセス方法を開発したり、環境そのものをアクセスしやすくなるように改善したりすることで、学習上の問題が解決することがあります。環境改変も教育の一環なのです。

このように、従来の考え方では、社会が設定した基準に合うように医療を使って障害者を「治療」しようとするので、これを「医療モデル」または「治療モデル」の障害観と呼びます。これに対して、この三〇年ほどで社会モデルと言われる障害観が提案されてきました。社会モデルによれば、障害とは当事者に内在する問題ではなく、当事者と環境との間のミスマッチとして生じるものです。そしてそのミスマッチした環境は、社会が作り出したものだとされます。社会はマジョリティを標準として社会環境を作り出します。たとえば、日本の鉄道のあり方などは、大人の健康な男性が標準となって作られており、子どもや妊婦にはラッシュアワーの混雑は酷すぎ、ベビーカーや車イスはプラットホームへのアクセスが悪く、老人には席が用意されません。そうしたマジョリティが設定した基準に適合できないでいる個体が障害者と呼ばれてしまうというのです。つまり、社会モデルに寄れば、障害とは、社会の側がある人たちを配慮の外に置いていることから生じるのです。従来の障害観は障害者に適合の努力を求める一方で、社会の側の不備はまったく問題にしませんでした。社会モデルは社会のほうにこそ変化を求めます。民主主義社会においては、あらゆる人に平等に配慮されるべきであり、社会環境の設定も万人に対して公平にすべきです。（ただし、最終章で述べるように、私は社会モデルで障害のある人が直面している困難すべてが取り除けるとは思っていません。）

それぞれの子どもは成長するためにそれぞれ異なった環境を必要としています。子どものほうで、大人が与えた標準的で画一的な環境に適応できる場合には、これまでの教育環境でも一応は問題がないかもしれません。しかし、そうではない場合には、むしろ、カリキュラムや学習環境、教師の対応を設定し直すべきでしょう。障害のある人や子どもが標準的な環境の中でうまく物事を達成できない場合でも、ニッチを適切に設定することで目的や課題を達成できるようになる可能性が多いにあります。

特別支援教育に関わっておられる方ならば、バリアフリーデザインとユニバーサルデザインの概念はご存じだと思います。バリアフリーデザインとは、高齢者や障害者が生活していく上で、障壁（バリア）となるものを除去していくという考えです。このバリアには、物理的なものばかりではなく、社会的、心理的、制度的、情報的なバリアも含まれます。ある人が何かを「できない」場合、「その人に障害があるから」といって問題を単に障害のある人に帰属させることは適切ではありません。バリアフリーの考え方には、何かが「できない」状態が、環境の側のセッティングの不具合が原因でもあることを示唆しています。マジョリティによって設計された環境のアフォーダンスが、ある種の人々には負のアフォーダンスになってしまっているのです。その不具合は、健常者に見えにくいばかりか、当事者すらも問題が環境の側にあることに気づかないことがあります。

しかしバリアフリーデザインには批判的な意見も寄せられてきました。バリアフリーデザインは、あくまでも特定の障害者や高齢者を対象にしています。それでは、いまだに障害のある人を特別扱いしているだけではなく、特定の人のバリアを取り除く環境設定が、他の人にとって新たなバリアになってしまうことがあります。

このような批判にたって、ユニバーサルデザインという考え方は、障害の有無、年齢、性別、人種等にかかわらず、多様な人々が利用しやすいように都市や生活環境をあらかじめデザインしようという考え方です。工業製品、衣服、建築、交通機関、公園など公共空間、教育、法制度など、あらゆる分野に適用できる考え方です。ユニバーサルデザインは、理想的には「すべての人にとって」利用可能な環境を設計しようとします。たとえば、通路であれば、車イスを使う人にも、膝を曲げにくくなった高齢者にも、ベビーカーを押している親も、大きなトランクを運ぶ成人も、誰にとっても容易な移動をアフォードするように設計するのです。ユニバーサルデザインは、あらゆる人を社会の中に包摂（インクルージョン）して、公平な社会環境を設計しようと試みます。

一九九七年のユネスコ・サラマンカ会議では「教育のデザイン化」が提案され、それぞれの子どもの「特別の教育的ニーズ（special educational needs）」にあわせて教育がデザインされるべきだという合意がなされました。デザインとは、そもそも、個別性を強調した考え方です。一九世紀の末に

W・モリスは、機械的大量生産品を批判し、個性や自然な美しさ、有機的な形態を追求したデザイン運動を展開しました。デザイン概念には、「個別性」「生物性」「自然さ（機械的の反対）」といった含意があるのです。デザインとは、人と環境とを調和させようとする配慮のことです。

教育に関しても、バリアフリー化やユニバーサル化の発想、デザインの概念が求められます。建築的な側面を見ても、現在の学校教育の環境は、個別にセッティングしやすい形になっているでしょうか。教室の内部であれば、教室の大きさや形、黒板などの位置、机やイスの形や配置、窓や出入口など、学校全体であれば、校舎の構造と材質、教室の配置、校庭や遊具の位置などを考えてみてください。先生や生徒が自分でデザインし直したり、配置を変えたりする余地がどれだけあるでしょうか。

教科書や副読本、図書館や学級の図書なども、バリアフリー化やユニバーサル化ができているでしょうか。バリアフリー化やユニバーサル化は内容に関しても言えます。あらゆる人を公平に配慮入れた教科内容になっているでしょうか。そういう教科書になっているでしょうか。カリキュラム、教育方法や教員の教え方についても、再検討すべきことはあまりにたくさんあります。公教育であれば、バリアフリー化やユニバーサル化は当然のことであるにもかかわらず、まだまだ理念すら十分に普及していないように思われます。

教育のユニバーサル化と子どもからの発言

障害のある子どもの教育に関しては、すでに障害の個別性や特殊性に応じて、個別化された教育が必要であるとされてきました。たしかに、脳性まひだ、発達障害だといっても、その問題のあり方は実に多様です。特別支援教育の分野では、個別的で特殊なニーズに合わせた教育が必要だとの認識はすでに日本でも普及しています。しかしながら、本書で主張している教育のユニバーサル化は、さらにそれ以上のことを含意しています。

それは、ユニバーサルデザインの考え方には、個別のニーズに応じながらも、個々人をひとつの社会の一員として包摂（インクルージョン）しようとする意図が含まれていることです。この意味でのインクルージョンは、「社会的包摂（social inclusion）」と訳すことができるでしょう（これは学校教育におけるインクルージョンよりも包括的な概念です）。「統合（インテグレーション）」という言葉は、既存の社会秩序に同化する（社会の側に適合することを要求する）という意味合いが強いのですが、「インクルージョン」は、社会のほうが自分を拡張変化させて、それまで排除されていた人々を包容するという意味になります。包摂的な社会とは、すべての人々が共存できるように、制度のあり方や公的環境のセッティングを絶えず調整し、自らを拡張的に再構築していく過程を含んでいるダイナミックな社会のことです。

自分の意思に反して別の学校に分離して教育されたり、施設の中で囲い込まれて生活させられたりするのでは、いくらその人たちの特殊なニーズに応じていたとしても、包摂的社会とは言えません。一般社会に参加するために、他の人に要求されている以上の努力を特定の人々に求めるのは公平ではありません。たとえば、健常者が公共交通を楽々と利用している一方で、車イス・ユーザーが自家用車以外では外にも出られないというのでは、あまりに不公平です。市民の個々の基本的権利は平等に保証されるべきはずです。ユニバーサルデザインとは、個の違いに対応しながらも、その対応を共通の場所に実現しようとするデザインなのです。

インクルージョンと個別のニーズへの対応が両方とも働くことによって、はじめて教育のユニバーサル化が可能になります。車イスで通れるように段差をうまく解消したデザインの建物が、膝の悪い高齢者や妊婦、重い台車を運んでいる業者にも有益であるように、障害のある子どもに適応するように修正された教育は、他の子どもたちの役にも立ちます。教育のユニバーサル化とは、包摂的社会における教育のあり方に他なりません。それは、より包摂的になるように、つねに進化するダイナミックな教育です。

設計の専門家が一方的にデザインを決めるのでは、バリアフリー化とユニバーサル化はうまくいきません。デザインする段階においてユーザーの側が積極的に設計に参加し、専門家である設計者と使用者との協同的活動としてデザインを進めていく必要があります。この協同的活動において重要な役割を果たすのは、使用者の経験を表現し、それを伝えることです。教育においても同様のことが言えるでしょう。これが先に取り上げた「子どもの権利条約」における意見表明権の意義です。子どもが自分の学習内容や方法についての発言する権利があり、それは教育する側にとっても重要な教育力向上の機会です。ユニバーサルデザインの設計過程は、設計者と使用者との相互学習の過程となりますが、教育においても同じことが言えるのです。

何がクオリティーの高い生活であるか、どのようなケイパビリティを開発したいか。これらについて子どもが最初から回答を持っているはずがありません。教師の側も、子どもの側も、問題のありかと解決の方向がはっきり分かっているわけではなく、相互学習の過程自身の中で子どもにとってクオリティーの高い生活、そのために開発すべきケイパビリティが徐々に認識されてきます。教師はこの気づきを深め、認識を広げるためのファシリテイターとなるべきです。この相互学習の過程はどこかに終着点があるわけではなく、その過程そのものが学びの過程です。

ジョン・デューイは、知識を覚えさせるだけの旧弊な教え込み型の教育に反対し、「児童中心の学習」の重要性を主張しました。児童中心主義という考え方は誤解されやすいのですが、子どもが求めるものを何でも与えるということではなく、学習意図の形成に学習者自身に参加してもらうことです。カリキュラムや教育のための素材は、教育に先立って与えられるべきものではなく、相互学習と探求の過程で収集され、利用され、構成されるべきだということです。そしてデューイは、教育の目的は成長することそのものだと言いました。成長とは、これまでよりもいっそう豊かな経験、新しい経験をしていくことです。そのような経験を可能にするケイパビリティの開発はどこかの地点で終わりがあるのではありません。クオリティー・オブ・ライフの探求には終了地点はありません。

当事者の参加と自己表現

教育の目的は、クオリティー・オブ・ライフを自分で選択し、それを可能にする基本的なケイパビリティを実現していくことです。ですが、私たちが研究所で出会ったお子さんたちは、重度の障害を持っていることが多く、しばしば言葉による表現ができません。そうしたお子さんたちに対しては、何を最も優先して教育すべきかという問題に直面します。すでに述べたように、私たちの答えは、他者と関わり、社会に参加するためのコミュニケーション能力だというものでした。

教育においてコミュニケーションを重視するという考えには、「自立」という概念の見直しが伴います。私たちは子どもを自立させようとします。子どもを教育するひとつの目的は、自立にあると言ってもよいでしょう。ですが、自立とは何でしょうか。

自立とは、孤島に生きるロビンソン・クルーソーのように、何でも孤独に一人でできることではありえません。誰もそのような孤立した自立を望んでもいないし、想定してもいません。私たちが自分とその子どもが生活すると想定している環境とは、人間の社会が存在し、それが大なり小なり自然環境に改変を加えているような社会です。それは、文明の発達した民主主義的な現代社会だと言ってもいいでしょう。子どもは、自分で自分のことを決め、自分の求めるクオリティー・オブ・ライフを自分が主導して実現することを望みます。私たちが求める自立とは、自分たちが住む社会環境の中で他者に従属せずに、自分にとって質の高い生活を実現させるように自分自身で行動していくことです。

しかし、ここで「従属しない」というのは、いかなる意味でも、誰も頼りにしないということではありません。「従属」とは、自分の意思や意欲があるにもかかわらず、それを抑制して、他人の指示や強制に従っているような状態です。「自立」の反対概念とは、「依存」ではありません。私たちは相互に依存して社会を成立させています。健常者であれ、さまざま形で他人に依存しています。自給自足している人などおらず、むしろ、健常者ほど多くの依存先を持っているのです[★8]。「自立」の反対概念とは「従属」あるいは「服従」であり、他者の指令や命令の前にして自分の意思や意欲を屈することです。

したがって、私たちが求めるべき自立とは、身辺自立や稼得自立ではありません。完全な身辺の自立など誰もできません。私たちの社会では、一人ひとりが水をくみ、狩りをして食糧を確保することなどできません。現代社会は、多かれ少なかれ、人間が相互に支え合って成立しています。互いに頼りにすることは、互いに豊かな人生を送るために必要なことです。健常者は、「あれがダメならこれがある」と言えるように、自分の存在を依存させる先が相対的に多く、それゆえに生活の基盤が頑強です。また先ほど述べたように、運動障害のある人が、二時間かけて自分で衣服を着るよりも、他人の助けを借りて一五分で衣服を着て仕事に出るほうが、自立していると言えます。また、私たちは、誰でも子どもであったし、いずれ年をとり、ケガや病気になり、相互扶助である社会保障や保険がなければ生きていけなくなります。高額医療にかからねばならない難病に陥ったときには、よほどのお金持ちでなければ、医療保険を利用しなければ医療費は支払えないでしょう。病気になったり、年老いたりしたときには、私たちのほとんどが自分の稼ぎだけでは暮らせません。国家や地方自治体、公益法人などからの経済的支援がなければ誰もが生活できなくなります。私たちが求めているのは、稼得自立でもありません。

スウェーデンやデンマークなどで生まれたノーマライゼーション運動の流れはアメリカに入ると、「自立生活運動」という形で発展します。一九七〇年代に、カリフォルニア大学バークレー校をはじめとして障害者の自立生活を訴える運動が生まれ、一九七三年には、画期的な米国リハビリテーション法（ADA）として結実します。その後、全米各地で自立生活センターが設立され、七四年には「障害をもつ市民全米連合」が結成されます。すると、一九八一年の国連による国際障害者年を契機として、ノーマライゼーションやインクルージョンの概念とともに、「自立生活」は公式な用語として影響を強めていきました。国際障害者年のテーマは、「完全参加と平等」であり、そこには、障害者の身体的・精神的な社会適合の援助、就労の機会保障、日常生活への参加の促進、社会参加権の周知徹底のための社会教育と情報提供といったポリシーが盛り込まれています。

自立生活運動は、障害当事者の自立を、自己決定、自己選択、自己管理として定義しました。ここでの自立とは、独力で生活することでも、所得をすべて稼ぎ出すことでもなくて、他人に従属することなく、自分のクオリティー・オブ・ライフを高めるような選択を行えることにあります。さまざまなハンディを負っていたとしても、公的な助成や介助者の援助、互助などを自己運用して、自発的な行為者として自分の望むようにクオリティー・オブ・ライフを向上させることができるならば、それが自立なのです。定藤によれば、自立生活とは、「障害者がたとえ日常生活で介助者のケアを必要とするとしても、自らの人生や生活のあり方を自らの責任において決定し、また自らが望む生活目標や生活様式を選択して生きる行為を自立とする考え」です[★9]。

また、中西と上野が言う当事者主権とは、この意味での自立のことです。「当事者主権は、何よりも人格の尊厳にもとづいている。主権とは自分の身体と精神に対する誰からも侵されない自己統治権、すなわち自己決定権をさす。私はこの権利は、誰にも譲ることができないし、誰からも侵されない、とする立場が「当事者主権」である[★10]」。自分で自分のことを決定する権利が尊重されている限り、全面的な介助を受けていても人格的には自立可能です。

もし自立が、自分の生活を自分の価値に基づいて運営する自主性を意味するのであれば、そしてそのような生活を送れるようなケイパビリティを開発することが教育であるならば、まず、障害があろうがなかろうが、子どもに必要なのは、社会に参加し、自己の意思を表現し、他者とやりとりする表現力のはずです。というのも、私たちは、自分のクオリティー・オブ・ライフを向上させるために、他者に自分の意思や状態を訴え、社会の中からさまざまな資源を見いださねばならないからです。子どもに自己表現力があれば、自分が何をどのような方向性に発展・成長したいか、何を学びたいかを表出することができます。自己表現をする能力があれば、他者の援助を介してであれ、自己決定と選択とが可能となるでしょう。教育は自立を支援するものであったとしても、それは、介護を受けての自立や、利用者が援助を自律的にコントロールするという意味での自立であってもよいのです。コミュニケーション教育を、障害のある子どもの教育の中心課題に置くことは、これまでとは異なる自立観に立って教育することです。

リハビリテーションや教育は、本人による目的設定を蔑《ないがし》ろにして行えるものではありえません。自立への要求は、権利や正義のような倫理的・道徳的問題である以前に、意思を持った私たち人間の根源的な欲求です。したがって、医療や教育の本質は、生命の内在する力を引き出し支援するという意味でのファシリテーションであるべきであり、実際、この力に寄り添う以外の介入法はありえないと言えるでしょう。

ルールではなく身体表現から始める

以上のような理由から、私たちのグループはコミュニケーションの教育を重視してきました。しかし、ここでいうコミュニケーションとは、通常の国語教育で実践されるような「正しい」言語の習得ではありません。私たちが見たお子さんたちは重度の知的障害を伴う重度・重複障害児と言われてきた子が多く、その多くのお子さんたちは言葉が使えません。そうしたお子さんたちに標準的な日本語を習得させようとする努力は、時間的にも、獲得できる水準的にも難しいことだとすれば、いったい、子どもに何を獲得してもらう支援を行えばよいのか、そもそも「コミュニケーションとは何か」から根本的に問い直す必要がありました。

人間のコミュニケーションに関する理論は、これまで情報処理モデルに基づいてきたといってよいでしょう。この考え方では、発信者の内側にあるメッセージ、つまり、観念や概念のようなものが、物理的音声にコード化されて受信者に届き、そして、受信者は、その物理的な音声を自分の内側で脱コード化（解読）して、もともとのメッセージとして理解すると考えられています。この想定では、発信者と受信者は、同じコード化と脱コード化のための体系的なルールを共有していて、そのルールに則って文を生成して発話し、同じルールによって発話を理解するとされています。しかし先の章で述べたように、コミュニケーションをするためには、あらかじめ、相手の表現を読み解いたり、自分のメッセージをコード化したりするための文法や語彙の一覧は、必要ないのです。人間同士のコミュニケーションは、コンピュータ同士のやりとりとはまったく異なります。

実際に人々の間で交わされる「生きた」コミュニケーションは、身体性から切り離せません。身体性とは、私たちが具体的な状況に埋め込まれて生きており、身体の内部と外部がせめぎ合う場所から表現が発せられるのです。先ほど述べたように、コミュニケーションとは、コードを解読するような過程ではなく、話し手と聞き手との間の返答と反応の身体的なやりとりの中に存在します。言葉の理解は、話者の表情、顔色、目の動き、声色や声の調子、姿勢、仕草などありとあらゆる身体的な背景ともになされます。そして、その発話という行動は、ある状況における、ある履歴の中で、ある相手との関係の中で行われます。

　このように、コミュニケーションは全身体的であり、全人的なやりとりです。よって、誰とコミュニケーションするのかが、ある種の障害のある人たちにはとても重要になります。ダグラス・ビクレンは、自閉症者であり研究者でもあるテンプル・グランディンの母親が次のように言っていることを記録しています。「〔テンプルは〕自分が信頼できる人のそばにいてもらいたがります。彼女の改善は、彼女の価値を認める他者の気持ちと愛情とに結びついていると私が確信しています。自分が置かれた環境が安全であると確信し、境界を知り、受け入れられ、積極的に価値を認められたと感じられるまで、彼女の行動は常軌を逸したものであり続けるのです」★11。

　文法の時間に習うような言語には、こうした応答的な性質がまったく欠けています。そこでは切り取られた一文だけの文法構造だけを問題にしています。しかし、どんな言語も、他のさまざまな対人関係のやりとりの連鎖の一環として捉えるべきです。生きたコミュニケーションの中で相互作用する話し言葉は、文法や語彙表のような固定的なルールによって生成されるのではありません。

　生態学的心理学の立場に立てば、言語とは個人の心や脳の中にあるものではなく、環境中に拡散して存在するものと考えられます。生態学的心理学では、拡散した言語グループという考え方が提案されています。生態心理学者のホッジズとフォーラーによれば、会話は、それまでの文脈や人間関係に敏感に左右され、時間に対して非可逆的に進行します。会話は、当の会話者だけではなく、それを取り巻く時間的な幅を持った状況のさまざまな要素の相互作用として成立します。つまり、言葉の働きは、拡散した仕方で状況に埋め込まれており、会話者は身振りや表情も含めて身体的に相手と応答し合い、同じように状況に対して身体的に反応し、その反応に束縛されています。言語は、そうした拡散した文脈から切り離されて理解してはならず、言語の最小の単位は、文脈を無視した語や句や文ではなく、何かのテーマについての二人以上の会話です[★12]。

生きた会話とはひとつの出来事であり、言語を理解するとは、ある状況において相手との相互作用がうまく進行していくということ以外ではありません。コミュニケーションとは、反復されない出来事の中で、相手と何かを成し遂げていくこと（協調行動だけではなく、敵対や競争のような対立的な状態であっても）なのです。

文法や語彙表のような言語の規則は、法律のようなものです。たしかに、私たちは多くの場合、法律を犯さないのですが、それは、法律を知っていて自分の個々の行動に適用しているわけではないし、法律について詳しい知識を持っているからではありません。法律は、私たちの行動を修正するために、後添えに適用されるものです。私たちが行う対話と言語の規則は、ちょうどこの行動と法律の関係のようなものです。私たちは、言語の規則を知る前から、他者とコミュニケーションを始めています。言語の規則は、そのすでに始まっているコミュニケーションを制御して、規則的な形を与えて、その場にいない第三者にも分かるようにしたものです。

ギブソンによれば、人間にとっての最も豊かなアフォーダンスは他者から与えられます。他人は、触れれば触り返すし、叩けば、叩き返します。他人の行動は、私たちにある行動をアフォードし、自分の行動と相手の行動は相互にやりとりする循環的な過程を形成します。性的行動、養育、闘争、協働作業、経済行動、政治活動などのさまざまな人間の行為は、このアフォーダンスの精緻化として考えることができます。言語の規則も含めて社会制度は、すでに始まっているこれらの相互作用を制御し、一定の型にはめるためにあります。社会制度は、人々のアフォーダンスを制約し、ある標準型へと収斂《しゅうれん》させるためにあるのです。社会制度や規則、ルールそのものが人間の行為を生み出すわけではありません。

コミュニケーションは、身体が環境や状況に応じて何らかの反応を表出したときにすでに始まりかけています。この無意識的で身体的なメッセージを、相手への呼びかけとして自覚されている「表現」と区別して、私は「表出」と呼びたいと思います。そして、相手との間で自然にやりとりが行われている状態を「創発的コミュニケーション」と呼び、さらにその創発したコミュニケーションを公的な規則（文法とかのルール）に従わせて、ある種の様式化をすることを「規約的コミュニケーション」と呼びたいと思います。

介在された表現へ

人間の動作、運動、行動など、身体の動きはすべて、すでに表出です。現象学の立場では、人間のどのような行動も意味に満ちた生活世界への働きかけです。メルロ＝ポンティは、『行動の構造』や『知覚の現象学』という著作の中で、人間のような高等な動物には、純粋に反射的と言えるような機械的な反応は存在せず、どのような行動もつねに文脈や背景をもった全体としての生活世界への応答という意味を持っていると論じました。

身体の動きは、子どもたちがミニマムな動作で表すところの、彼らが生きている世界の「現象学的記述」だとさえと言えるでしょう。身体の動きは、その子にとっての世界の意味を表しているからです。しかし、この身体的な動きとしての「表出」は、そのままでは「表現」と呼べません。表現とは、この自分の動きが他者に対してどのような効果をもたらすかを知ることによって初めて成り立ちます。すなわち、自分の身体の動きが他者に何をアフォードするかを知りながら、その動きをすることが表現です。表出が表現となるには、他者からの応答と、その応答の意味を知る必要があります。この表現のやりとりは、そのコミュニケーションしている当人たちの間で成立させることができますが、そのやりとりは、第三者にはすぐに分からないことがあります。たとえば、運動障害のあるお子さんとその親御さんの間で、短い声や指の動きなどを使った一種のボディランゲージのようなものが成り立っているのは分かるのですが、いまそれを見たばかりの私たちにはやりとりの意味がよく分かりません。

私が先ほど述べた、「規約的コミュニケーション」は、誰もが知る一定のルールや規則に則って表現することによって、そのやりとりが、突然に出会った第三者にも意味の分かるコミュニケーションです。身体の動きに不自由がある場合、その人の表現をより広げていくための方策として、二つあると言えるでしょう。ひとつは、本人の身体の使い方を繰り返し練習し、本人の動ける範囲を拡張していくやり方です。そして、子どもに「規約的コミュニケーション」を身につけてもらうことを目標とします。この考え方は、訓練としての教育のもとにある考え方でしょう。しかし繰り返しになりますが、これによって標準的な表現の様式や規則が身につかない場合もあるかもしれません。

いまひとつの方法は、本人が動かすことのできる範囲にあわせて、環境側を工夫したり、理解する側が対応したりしていくという方向です。この二つは対立するものではないのですが、従来のリハビリや教育では、前者の考え方が中心になってきました。ですが、コミュニケーションとは本来、双方向的なものです。私たちのグループは、そこで、言語がうまく使えない子どもたちの身体的表出を支援し、それを表現にまで発展させる方法を開発することを主要な目的としたのです。つまり、子どもの身体が表す微細な表出を見逃さずに捉え、子どもと教育者（介護者）間の繊細な身体的やりとりと介助によって、子どもたちの身体運動を表現へと増幅するのです。そして、ときに描画や文字盤の指さしなどの規約的コミュニケーションにまで発展させることを目指しました。

落合俊郎は、「重度・重複障害児の「書字・描画」能力を評価・促進する方法の開発に関する研究」（国立特別支援教育総合研究所・科学研究費による報告「F-103　重度・重複障害児の「書字・描画」能力を評価・促進する方法の開発に関する研究」http://www.nise.go.jp/kenshuka/josa/kankobutsu/pub_f/F-103.html）、及び、「身体接触による表出支援の構造的検討：心身における〈地―図〉の成立と再構成の機構」『特別報告書　心身障害児の書字・描画における表出援助法に関する研究』（平成12年3月、国立特殊教育総合研究所刊）の中では、ソフト・タッチング・アシスタンス（ＳＴＡ）という方法を提案しています。それは、「自ら言語表現や文字表現ができない子ども（特に自閉症児や重度肢体不自由児）に指導者が手を添えながら彼らの主体的な動きを援助しながら運筆することにより、書字や描画による表現が可能になるという現象」を言います。この研究では、さまざまな形でのソフト・タッチング・アシスタンスの実践例が紹介されています。

こうした現象は、ただ子どもにある仕方で触れるだけで書字・描画できるようになるといった機械的な技法ではなく、子どもと指導者の間の繊細な身体的相互交渉によって成立するものです。そして、その根底には、子どもと指導者の相互信頼、とくに、障害の分類や表面的な子どもの反応にとらわれず、子どもをひとつの実存として捉えて理解しようとする指導者側の障害観や教育観が大きく関与しています。また、この研究では、子ども自身が本来的（潜在的）に書字・描画の能力や意欲を有しているということが前提とされます。従来、言われてきた書字や描画に至る発達過程や学習過程の見直しが必要なのです。

滝坂信一によれば、運動障害は次の三つの場合に分類できます。★13

（1）そのようにしたくないのだが、身体が勝手にそのように動いてしまう。脳性まひの、とくにアテトーゼ型の人たちがそうですが、何か目的のある動作をしようと思ったときに、反射など不随意な動きが出てしまい、身体の動きが思うようにならない場合がこれに当たります。

（2）そのようにしたいのだが、身体が動いてくれない。低緊張の子どもたちや、自閉症の子どもたちがこれに相当すると言えます。

（3）自分はどうしたいのかはっきりしない。これは、たとえば、重度の知的障害の子どもたちの状態に当てはまると思われます。

これに対して、滝坂は、（1）の場合で書く（描く）ことへの援助するのであれば次のように支援すると指摘しています。以下、滝坂の方法を詳細に解説します。

①肱と手を保持し、不随意な動きが出現する（強まる）前に筆記具の先を紙面に着ける。
②保持した時点とペン先が紙面に着く時点では比較的しっかり保持し、中間では彼（女）から出てくる主体的な動きを援助者が感じ取れるように自由度を工夫する。
③実際に書く（描く）過程では、起点と終点そして、急激な方向の転換時（例えば、「角」や「はね」など）に不随意な緊張が出現しやすいので肱や手をしっかりと保持してやるとよい場合が多いように思える。
④不随意な緊張は全身的なものであるので、筆記具を持っていない側の腕と手を保持しておいてやる、足の裏を床に着く状態で行う、姿勢や座り方を工夫するなどがあわせて重要である。

次の（2）「そのようにしたいのだが、身体が動いてくれない」場合には、滝坂は以下のような指摘をしています。身体が思うように動いてくれない子どもたちの場合、一見すると、身体はまるで動いていないように介助者には見えるかもしれません。ですが、実際には、とても微細な動きが頸部や指先、足先に現れていたりしているのです。その動きは、書いたり描いたりする動きとは外から見ると無関係に思えるために、周囲の人たちはすでに子どもたちが動作を起こしていることを見逃していたのです。そこで、滝坂は以下のような介助を提案します。

①子どもが机に向かい、ペンを持ち、書こう（描こう）とする状態で肱の部分で、子どもの腕を取り、手を援助者の掌で包むように持って待つ。このときに、肩や肱、腕に微細な力が入りペンの

先を紙面に近づけようとする動きを感じることがある。

②紙面にペン先が到達するに至らない場合には、力が入った方向と反対方向に抵抗をかけることで応じ、自分が起こした動きを本人に確認してもらう。

③フェルトペンが紙面に着いた後、そのまま待つと動きが自発してくる場合とそうでない場合がある。自発してきた場合には、その力や方向性を確認しながらこちらの介助を低減していく。このことは、本人の主体的な動きを重視し、最低限の援助ラインを探す。

このような繊細な援助法によって、子どもに自分の運動について気づかせると同時に、その動作がどのようなことを受け手にアフォードしているかに気づかせるのです。こうしたSTAによる表現の支援によって、子どもが書字や描画を行うようになると、周囲の人々の子どもに対する見方は大きく変わります。当然、子どもたちも自分の表現によって周囲が変化していくことに驚き、大きく変容していきます。ときに大きすぎる周囲の変容が子どもにとって戸惑いと混乱を与え、それまでの関係が崩れてしまうなどマイナスに作用することもあります。

（3）「自分はどうしたいのかはっきりしない」ように見える場合について、表現のための援助を行うことはとても重要な意義を持っています。というのも、先ほど、私たちは「自立」の意味づけを従来とは変える必要があることを指摘しました。新しい自立の意味は、自発的な行為者として自分の望むようにクオリティー・オブ・ライフを向上させることと定義しました。しかし、こうした定義は、かなりはっきりとした意思や意欲を持っている人たち、たとえば、運動障害を持っていても知的な障害を持っていないような人たちを想定していると言えるかもしれません。だから、自立という考え方は、あらゆる種類の障害者支援の目標にはできない。こうした指摘をする人たちもいて、その人たちは、自立はそれほど重要ではないと主張します。

しかしながら、私たちがコミュニケーションを支援することによって行ってきたのは、教育です。教育は、当人のケイパビリティを開発し、自分のクオリティー・オブ・ライフを高めるために、より多くの選択肢を得られるようにすることです。「自分はどうしたいのかはっきりしない」という状態に対して、自分で意図的に「はっきりさせない」状態を選択していることと、それ以前の「自分がどのような状況に置かれているか分からない」ことには大きな違いがあります。前者は、「自分をはっきりさせない」状態を自ら選び、他人からの指示や命令を退けることができるのに対して、後者はそれができないからです。

滝坂は、「自分はどうしたいのかはっきりしない」子どもたちの場合は、まず、書く（描く）という場面に本人が関心を持っているか否かを尋ねてみることから始めることが大切だと指摘します。そして、この場合、モデルを示してやることが書く（描く）ことへの大きなきっかけを提供することが多いようだと言います。モデルは、その場で書いて（描いて）みせることで提供できます。子どもたちに具体的な例を示して、それに関心があるかを見て、その上で、次のように援助を行うことを示唆しています。

①子どもに筆記具や紙を見せて一緒にやってみることを提案する。

②子どもが筆記具や紙を受け取ったり、机に座るなど提案を受け入れた場合、まず、○や×、数字など簡単な図形の模写を（2）のようなやり方で試ることができる。このことを通じて彼（女）に書く（描く）ということがどのようなことなのかがわかるし、その子へのＳＴＡ上の配慮点がこちらにもわかる。

どのようなタイプの子どもたちに支援をするにせよ、ＳＴＡが成立するために最も重要なことは、障害のある子ども自身が、他者の支援を通して何かを実現したいと考え、援助者にそれを求めることだと滝坂は主張します。自発性がない限り、いかなる支援も成立しません。本人が「書く（描く）」ということを独力でやりたいと強く思っている場合には、最初はそうした支援を退けるかもしれません。ですが、ＳＴＡによる援助がうまくいくようになると、やがて自ら筆記具や紙、そして表現支援を求めるようになり、その中で、援助者の側が誘導されているように絵や字が描かれていくようになります。

こうしたＳＴＡのような表現の支援においては、支援者が表現の媒介となっているために、表現の真実性とは何かが、絶えず問題となります。他者を介した表現は、狭い意味で「自立」した表現とは言えないかもしれません。一方で、表現はつねに自発的なものです。教育者が書く（描く）ことや、日常生活動作を強いるような場合、子どもたちは触れられること自体を拒否することになり、教育者と子どもとの関係自体を壊してしまうこともあります。媒介されたり援助されたりした表現は、一種の共同作業として成立します。その表現が独力で行われたものではないとすれば、表現することのオーサーシップ、すなわち、表現の作者はどこに帰属すると言えるのでしょうか。表現の支援は「自発的とは何か」、「表現するとは何か」という本質的な問いを私たちに突きつけます。この点は、後で論じることにします。

実践編

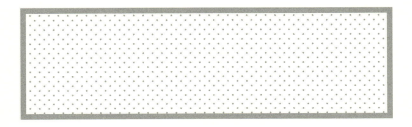

第四章

脳性まひの現象学

この四章と次の五章では、それぞれ脳性まひ、自閉症スペクトラムの当事者の経験を現象学的に説明します。本四章では、脳性まひの当事者である熊谷晋一郎と稲原美苗の二人の経験から脳性まひの経験について現象学的に分析します。タイプ的には、熊谷は痙直型に、稲原はアテトーゼ型に分類されます。まず、熊谷の脳性まひとその訓練・リハビリテーションの経験を見ることで、身体運動とは何かについて考えていきます。

脳性まひの訓練の問題

脳性まひのこれまでの訓練法あるいは教育法の問題点は、熊谷の『リハビリの夜』に具体的な経験として詳述されています。その問題点は二つありました。

ひとつはリハビリをする子どもの意思や意欲が重視されていないことです。大人でもつらいリハビリを、その最終目標があまり納得できていない状態で子どもに強いれば、訓練の効果はあまりに薄いものになります。子どもはそうした強制される訓練を嫌がり、無理に身体を動かされる苦痛を訴えます。しかし「これは訓練だから」といっては、苦しいリハビリが続行されるのです。

第二の問題点は、最初にも述べたように、要素還元主義の問題です。人間の行動は個々の運動から組み上がっており、その部分の運動に問題を修復さえすれば、全体もうまくいくという考え方が要素還元主義です。

この子ども意思の軽視と要素還元主義は、一見すると独立の問題に見えますが、じつは深く関連し合っています。というのも、そのどちらも、心（精神・意識）と身体を分離して考え、身体をリハビりして四肢の過緊張などの問題を取り除けば、心の命じるままに身体を動かせるようになると想定しているからです。つまり、要素還元主義は、心と身体を分離する心身二元論と強く結びついています。この考え方に立って、緊張をほぐすための姿勢を保たせたり、四肢の単純動作を繰り返させたり、リラックスさせたりといった訓練が続けられてきました。これは、身体が動かせるように訓練さえしておけば、後は本人の意思で動かせるようになるという考えです。

動作と身体図式

このような要素還元主義的なリハビリテーションがうまくいく場合もあるでしょう。しかしながら、とくに子どもの場合、これがうまくいかないときがしばしばあります。その理由は要素還元主義的な身体観の根源的な問題に関わっています。先に述べたように、腕をリラックスさせる訓練によって、たとえそのときは子どもの腕の緊張を取ることに成功しても、通常の鉛筆を握ったり、お箸を持ったりすれば、たちまち腕に緊張が高まって動きが止まってしまうことがあるのです。腕をリラックスさせるリハビリが、鉛筆でものを書くといった日常生活の活動につながってこないのです。なぜ、このようなことが生じるのでしょうか。

すでに述べたように、近代の自然科学は、物事を小さな部分に分けて分析し、全体的なものはその分解した部分の動きを加算していけばよいと考えられてきました。この考え方が身体運動を扱う科学でも、受け継がれてしまっています。しかしながら、ゲシュタルト心理学が指摘したように、全体とは部分の単なる加算的集合ではありません。温度計で測れば同じ温度のお湯が、どのような文脈に置かれるかによって違った熱さとして感じられるのです。いかなる知覚も文脈依存的であり、いわゆる感覚的とされる性質については知覚されている世界の中の一部分に注意を集中するなど、きわめて人工的な態度によって生まれてくる特殊な文脈に限られた限定的な知覚のことです。

身体運動についても同じことが言えます。身体の特殊な一部分だけを動かす運動は、日常生活ではほとんどありません。（もちろん、身体部位は他の部位と密接に繋がっており、身体の一部分だけを他をまったく動かすことなく動かすことなど不可能です。他の部分が動かないように見えるのは、無意識的に他の部位の動きを抑制しているからです。）身体の小さな部位を運動させることと、より大きな身体部位を利用する運動とはまったく文脈の異なる運動だということを理解すべきなのです。たとえ、大きな運動が、その部分的な運動を含んでいたとしても、それらは別々の運動です。文脈が異なるということは、意味が異なるということです。

さて、先に述べたように知覚世界における意味の違いとは、同時に、知覚者にとって動機づけの違いとして現れます。たとえば、文章を書くことが好きな人でも、漢字やひらがなを反復して書くことが好きだとは限りません。あるいは、テニスの打ち合いは楽しくても、素振りは面白くないことを思い出していただければよいと思います。後者は、その練習（反復漢字書き取りとか、ラケット素振り）はそれそのものが、私たちを動機づけてはいません。授業だからやらなくてはとか、うまくなるには素振りも重要だとかいう動機づけでそれらをやっています。リハビリテーションも同じです。

子どもにとって、身体の一部分を動かすように訓練することは大変に動機づけが弱いものです。一言で言い換えれば、子どもにとってそうした身体の部分だけを運動させる訓練やリハビリテーションには、やる気が出ないということです。動機づけのない人にいくら何かを学習させようとしても難しいのは、皆さん誰もが日常的に経験されることだと思います。このことは運動障害の訓練、リハビリでも非常にはっきりしています。しかし、なぜ、やる気が出ないと、訓練やリハビリテーションや教育はうまくいかないのでしょうか。このことを理論的に考えてみましょう。

脳性まひにおける運動障害は、末梢には一次的には問題がなく、身体運動を意識的・意図的にコントロールすることの困難にあります。たとえば、腕を上げるとか、まっすぐに立つといった一見すると健常者には単純に見えるような行動さえも、ある筋肉を収縮させて別の筋肉を弛緩させ、全身の姿勢を安定させるなどといったシステマティックな身体操作を必要としています。脳性まひの子どもたちには、こうした組織的な運動の分節化が難しいのです。脳性まひの子どもは、たとえば、身体の一部を動かそうとしても、その部分への筋緊張が周囲の部位すべての筋緊張を招いてしまい、運動が滞ったり、思わぬ方向に動いてしまったりします。健常者の方は、手の薬指だけを上にぐっと引き上げる動作をしてみてください。器用な人は、他の指をまったく動かさずにそれができるでしょう。しかし、多くの人は中指や小指も同時に少し上がってしまうでしょう。指の運動が分節化されていないのでそのようになるのですが、同じことが身体の大きな部位について生じている状態を想像すればよいかと思います。

したがって、脳性まひの問題は、運動をうまく行うための全身の図式（スキーマ）を形成できないことにあると言えるでしょう。このスキーマとは、ある部分を動かすのに、どこに緊張を入れ、どこを弛緩させるのかといった意識には上らない身体運動の分節化の図式です。この運動の図式は、「身体図式（corporeal schema）」と呼ばれています。

身体図式は、ただの運動の図式ではありません。運動する身体は同時に知覚する身体でもあります。知覚は身体を動かさなければ成立しません。たとえば、私たちは、触れた指を動かさなければ、それがどんな対象なのかを知覚できません。指を固定したまま、何かで触られても、自分の肌には摩擦感しか感じません。身体上に生じるさまざまな感覚は、運動と結びついて対象の知覚となります。運動もこの知覚と結びついて初めて自分でコントロールできるようになります。

刻々と移り変わってゆく四肢の位置や姿勢の変化は、私たちがそれを意識する以前に、身体図式に位置づけられています。私たちの身体の四肢や姿勢の変化はすべて、この可塑的な図式の上に登録されていきます。そして、身体の運動によって引き起こされた新しい感覚はすべてこの図式と関係づけられます。よって、身体図式とは、さまざまの内受容的および外受容的諸感覚（視覚的・触覚的・筋緊張感覚的・体感的等）、および運動制御がひとつの協働するシステムとして結びついているさまを指します。脳性まひにおける運動の改善とは、この図式をより細かく分節化していく過程です。

しかしながら、重要なことは、私たちは自分の身体図式を環境中にある事物との関わりで発展させていくことです。身体図式の研究で知られるポール・シルダー（Paul Schilder）が指摘するように、私たちは、身体を動かし、世界の中に存在する諸対象に向かっていかなければ、自分の身体についても、その動かし方についても、多くのことを知ることができません。シルダーはこう書きます。「運動は、私たちの身体の様々な部分を統合する大きな要因である。運動によって、私たちは外界や対象との明確な関係を持つことができ、そして、この外界との接触によってのみ、私たちは自分自身の身体

についての多様な印象を関係づけることができるのである」。[★1]

身体図式とは、単なる四肢の位置についての内的感覚の図式ではありません。身体の運動は世界の事象へと向かっています。私たちの身体経験は、不断に外界の事物と接触する行動的な経験であり、環境との相互交渉を通して変化します。身体図式は、単に自分で運動するだけの図式ではなく、事物と関わるような行動する身体の図式です。身体図式とは、環境内の対象と関わる運動する身体のスキーマであり、私の身体がある目標に向かってとる姿勢のことです。メルロ゠ポンティによれば、身体図式はダイナミックであり、「私の身体が現勢的（actuel）または可能的な或る任務に向かってとる姿勢である」[★2]なのです。彼は、人間の志向性は身体図式よって構造化されていると論じて、以下のように述べます。

私の身体が、一つの〈形態〉であり、それを前にして未分化の地の上に特権的な図形が浮かんでくることができるのも、私の身体がその任務の方に集極化しており、それがその任務の方に向かって実存しているからであり、それが自分の目的に到達するために自己自身を収縮させているからに他ならないのであって、つまりは〈身体図式〉とは、私の身体が世界内存在であることを表現するための一つの仕方だというわけである。[★3]

身体図式と意図

さて、ではこの身体図式と人間の意図とは、どのように関わっているのでしょうか。まず、意図的な行動とは何かを考えてみましょう。

行動の中には、随意的なものと不随意のものがあります。反射運動と呼ばれる、私たちの意思とは独立に起動し、それを止めることができないか、きわめて難しい動きもあります。これに対して、自分の意思のもとに置かれた随意的な行動があります。随意的な行動のことは、通常、「意図的な行為」と呼びます。それは文字通りに、意図した通りのことを行うことです。コップで水を飲んだり、学校に行ったり、ゲームをやったりといった行動は、みな意図的です。それでは、意図的行為と意図的ではない行動とは、どのようにして区別されるでしょうか。

従来の心身二元論的な説明、たとえば、デカルトやロックの説明によれば、心の中の決意や決心といったものが生じて、それが原因となって生じてくる身体運動が意図的な行為であると考えました。心が原因で、身体運動が結果だということになります。現在でも、一般的な常識では、そのように考えられているかもしれません。

しかし、こうした説明はあまりに問題が多く、現代の哲学ではすでに信じられていません。第一に、私たちが意図的に行動するときにも、つねに決意や決心のようなものが、それに先だって生じているとは限らないことです。たとえば、水を飲もうとしてコップに手を出すときに、その行為は意図的ですが、飲むたびごとに「水を飲もう」と思ってから身体を動かすわけではありません。テニスで相手の左側にボレーを打ち込んだのは、意図的ですが、その動作の前に何かの思いが先行して生じているわけではありません。それでは動作が遅すぎて、スポーツとして成り立ちません。習慣的に行っている行動も同様です。朝起きて、寝ぼけ眼で着替えているときには、「さぁ、下着を替えないと」とか決心してからそうしているのではありません。日常の動作のひとつひとつを振り返ってみれば分かるように、ほとんどの行為は意図的であっても、特段の決意がなくされているのです。つまり、「さあ、やろう」などといった決意や決心は、意図的な行為にとってはあってもなくてもよいのです。

第二に、ひとつの行為について、それを決意する時点を特定できるのかという問題があります。たとえば、あなたが駅のホームの自動販売機で缶ジュースを買ったとします。この購買の意図はどこで生じたものでしょうか。駅に到着するまで暑い中を歩き、のどが渇いたときでしょうか。途中の道で喫茶店が目に入ったとき、一瞬、入ろうかと思ったのをやはりやめたときでしょうか。それとも、駅に入るとすぐに自動販売機が見つかったときでしょうか。あなたの缶ジュース購買の意図は、徐々に形成されていたのです。こうした文脈がなくて、突然に缶ジュースを買ったとしたら、何か突発的に足が痙攣したのと同じく、ほとんど不随意運動のようではないでしょうか。決意なるものが突然に心に生まれ、それが身体運動を引き起こすのではありません。意図が形成されるのは、特定の瞬間においてではありません。何の文脈もなく突然に何かを決めたとするならば、それは自分にとってもきわめて異常で、理解不可能な行動となるでしょう。私たちが毎日出勤するのも、もっと長くて広い人生の文脈の中で、出勤が動機づけられているからです。その文脈の流れの中で、個々の行動が動機づけられています。反射運動には、こうした文脈がありません。それは、他の行動から比較的に孤立した行動です（完全に他の行動から孤立した行動は、高等動物にあっては存在しないと思いますが）。

意図的な行為と観察

それでは、意図的行為と意図的ではない行動とは、どのようにして区別できるのでしょうか。哲学者のG・E・M・アンスコム[★4]によれば、私たちは、自分の行為をつねに一定の記述のもとで捉えているといいます。ここで、一定の「記述（description）」で捉えるとは、ある行為をある文脈の中で捉えるということです。

たとえば、私がいま、ボールペンを取って、宅配便の用紙に、ある人の名前と住所を書こうとしているとします。私はこの行為を「宛名を書く」という文脈のもとで捉えています。他の人から、「何をしているのですか」と尋ねられれば、即座に「（誰々さんへの）宛名を書いています」と返事ができます。しかしながら、その宛名を書く用紙はカーボン紙で、テーブルクロスに字が写ってしまっていたとしましょう。私はそのときに、用紙がカーボン紙だとは知らずに、テーブルクロスを汚してしまったのですが、人が私に「どうしてクロスを汚したのですか」と問われれば、私は驚いて、「しまった、カーボンだと気づきませんでした。すみません」と答えることでしょう。

私は、自分の行為を「宛名を書く」という文脈では理解していたのですが、「クロスを汚す」という文脈では理解していなかったのです。この違いは、ボールペンで、その紙に筆記するときの因果関係の理解と結びついています。その紙にボールペンで書くと、ボールペンのインクが紙に書き跡を残すという因果関係は理解していたのですが、その紙の裏側がカーボンで、さらにその下に書き跡状に跡を残すという因果関係を理解していなかったのです。この場合、私は「宛名を書く」ことについては意図的ですが、「クロスを汚す」ことは意図的ではありません。私たちの行動はさまざまな因果的帰結をもたらし、その帰結はさらに波及的に、次々に別の帰結をもたらしていきます。私たちは、自分の行動の帰結のいくつかを認識しており、他の帰結については気づいていません。自分の行動の因果的な帰結を認識しながら、それを行う場合が意図的な行為と呼べるのです。

逆に、ある行動の部分となっている運動を、私たちは意図して動かしていないことに気がつく必要があります。たとえば、あなたが宛名を書いているときには、その最中の指や手首のひとつひとつの動きを意識していません。むしろ、今自分が字を書いているときに、指をどのように動かしているかをいちいち意識していたら、かえって指の運動が滞って、書けなくなってしまいます。私たちは、文字をうまく配列して書くという指や手首の運動の効果のほうに気持ちを集中させていて、自分の身体の動きそのものを意識していません。宛名を書くことと、字を書くときの指の動きに気づくこととは、ずいぶん違った態度を必要とします。野球選手のようなスポーツの専門家でさえ、自分のバッティングフォームの修正は難しいと聞きますが、それはボールを打ち返すという運動と自分の身体運動のあり方を修正するということとは別のことだからです。

何かを意図的に行うということは、自分の身体運動を一定の因果関係の文脈の中で行った場合の、その帰結を知りながら、当の身体運動を行うということです。ボールペンを紙の上で、手で一定の圧力をかけて動かすと、字が書ける。このボールペンと手と紙の間の因果関係を知っていて、手を動かすことが意図的な行為です。何か決意のようなものによって行為を始めなくても、この因果関係の文脈を認知していれば、その行為は意図的になるのです。自動車を運転していて急ブレーキを踏むことは、すばやい行動であって、決意のようなものから始まるわけではありません。それは習慣的で、半ば反射的な行動ですが、それでも急ブレーキが意図的なのは、ブレーキを踏むとどうなるかを私たちがすでに知っているからです。

自分の身体運動を一定の因果関係の中で捉える、ということは、すなわち、自分の身体運動が環境のアフォーダンスとどう関係しているのかを知ることに他なりません。環境のアフォーダンスとは、動物の振る舞いによって引き起こされ、再帰的に動物に影響を与えるような環境の特性のことです。ブレーキを踏むと自動車が止まるというのが、ブレーキのアフォーダンスです。強くペンで書くと下に写る、というのが、カーボンコピーのアフォーダンスです。これらのアフォーダンスを知覚することで、「自動車を止める」とか「写しを作る」といったことを意図できます。環境のアフォーダンスを知覚することは、自分の意図を形成することに等しいのです。

身体図式の修正としてのリハビリ

さて、この意図的行為と、先に論じた現象学における「私はできる」、あるいは運動志向性と関連させて考えてみましょう。「私はできる」は、「私は何かができる」ということであり、「何かができる」からには、そこには自分の行為が何かを達成するという意味が含まれているはずです。つまり、「私はできる」とは、意図された結果を生み出すことに他ならないのです。身体図式とは、単なる脳内の表象でもなく、身体についてのイメージや自己意識でもありません。それは、身体が環境に対して、身体のさまざまな部分が実践的に協働していく仕方の表現なのです。

さて、アンスコムは、意図的行為と身体の四肢の位置の把握には似たところがあると指摘します。

膝が伸びているとか、腕を曲げている、身体をひねっている、などいった自分の身体定位について、私たちはそれを観察することなく知っています。健康な人ならば、「あなたの膝はどこにあり、どうなっているか」と問われれば、自分の膝の位置や状態を、自分で見たり触れたりして確認する必要はまったくありません。もし、自分の膝がどうなっているか、眼で見たり、もう一方の手で触って確認したりしなければならないとしたら、それはすでに何かの自分の身体知覚の病理でしょう。

自分が何をしているのかという意図的行為についても同様です。自分が何をしているのか、意図的な場合には、自分を観察する必要はありません。私が宛名を書いていることは、自分の行為を振り返らずとも明らかです。しかし、その裏のテーブルクロスを汚してしまったことは、クロスを見て、自分の筆跡の形に汚れていることを確認しなければなりません。意図的ではない帰結が、自分の行為の帰結であることは、観察しなければ知ることができないのです。

意図的行為を自覚することが、四肢の位置や姿勢の確認と同じ種類だということはどういうことでしょうか。メルロ＝ポンティは、運動志向性は身体図式によって構造化されていると言いました。他方、アンスコムは、意図的な行為と四肢の位置とが、等しく観察に基づかないで知られるものの種類に属すると主張しました。両者とも、四肢の位置や姿勢と、志向性や意図というものと結びつけています。このことは何を意味しているのでしょうか。

それは、運動志向性（「私はできる」）と、意図を持てるということとは、同じことだということです。語源から言えば、志向性も意図も、ラテン語の〈tendere〉（緊張する、向かう、目指す、努力する）から派生しており、この語源通りに両者は同じものなのです。アンスコムの意図も、メルロ＝ポンティの運動志向性も、等しく、身体と環境との相互交渉の中に本質があります。そして、意図も運動志向性も、外界と交流する身体図式の分節化によって発達していきます。したがって、身体図式の発達とは、環境の持つさまざまなアフォーダンスと自分の身体運動を連動させていくことです。

成瀬吾策は、脳性まひを「身体を動かしうるのに動かせないでいる状態」と捉え、脳性まひ児教育のための「動作法」を開発しました。動作法は、脳性まひの児童のためのリハビリテーションと教育という分野で、大変に影響力のあった方法論です。成瀬は、脳性まひ児（者）は緊張解除し、自分の身体運動を制御する潜在的能力を持ってはいるが、意識的にはそれをうまく行えない状態にあるのだと指摘します。そこで、動作法では、身体運動と姿勢の制御のためには身体図式を整備する訓練するわけです。成瀬は以下のように身体運動の制御と身体図式の関係を指摘しています。

人の有意的・意図的な自体操作における努力ないし、課題は、微視的な生理的筋群の活動のためではなくて、巨視的な関節運動のため、ないし具体的・意識的な身体部位の緊張のために、力を入れることなのである。そのためには、何よりまず、動かすべき関節ないし力を入れるべき部位について、必要な程度の自体に関する分布図ないしマップ、または身体図式とかボディー・イメージというべきものができていなければならない。★5

成瀬によれば、動作法の目的は、身体運動を援助することで遡行的に身体図式の形成を促そうとするものです。この引用に見られる考え方は、「意図的な運動が訓練においては重要であること」、「運

◆図 4―1　成瀬による「動作の基本構造」

動制御の課題は身体の巨視的な動作改善にあること」、そして、「運動制御における身体図式を組み替える必要があること」、これらを優れて適切に捉えているように思われます。

しかしながら他方で、成瀬の考え方には大きな問題があるようにも思えます。それは、身体図式が環境に働きかける身体の図式であることを見落としている点です。引用では、人間の有意的・意図的な行動は、まず自己身体への働きかけとして理解されています。たとえば、成瀬は主体的な運動である「動作」を次のように規定しています。

［…］最もふつうのからだの動きというものは、ひとが自分の意志で、随意的に動くという形をとっている。すなわち、ひとは自分で動こうとし、あるいは自分のからだを自分で動かそうとするから、その結果としてからだが動くのである。こうして、自らの意志で、自分の意図を実現させようとした結果、自発的・自律的に身体運動が生起したとき、それを動作と呼んでいる。すなわち、身体運動が起こったとき、その原因が当人自身の意志により、意志にしたがって、そのとおりに生じたばあいに限り、それを動作というのである。まず、当人自身が動きをしようというふうに意図するところから始まる。この意図はふつう、ある身体運動についての特定パターンが目標イメージとして設定される。次いで、そのイメージされたとおりのパターンとして身体運動が実現されるように努力することになる。その結果、それに対応したパターンの身体運動が生起するという運びになるのである。★6

ここで成瀬は、動作を機械的な反射と捉える以前の運動学の立場を批判するあまり、意図が努力となり、それが身体運動を引き起こすというデカルト的な心身因果論に陥っているように見えます。この考え方では、心は身体に働きかけ、その身体が環境と関係を持つという図式になっています。しかし、意図的行為をこのように理解してしまうと、心身二元論を呼び込んでしまい、ある身体運動がどのようなときに「意図的」とか「自発的」とか呼ばれるのか、その本質を捉え損ねてしまいます。

これまで論じたように、意図とは、単に自己身体を動かそうとすることではなく、自己身体と環境のアフォーダンスの関係を知覚することです。環境中の何かに働きかけようとするときに身体部位を動かすことと、その身体部位を意図的に動かそうとすることはまったく文脈の異なる行動です。この区別が、今の引用した部分ではなされていないように思われます。この身体と環境との相互作用として身体図式があり、意図もまた環境のアフォーダンスを知覚することと切り離せないのだという洞察が、ここでは抜け落ちています。成瀬の努力にもかかわらず、この動作理解は、運動の発達のための基礎理論として適切ではありません。というのも、もしこのとおりなら、意図とは独立した身体図式（あるいは、ボディー・イメージ）を整序することによって、意図と身体運動を媒介できることになってしまうからです。

もしそうなら、実際のトレーニングは、やはり子どもの意図や動機づけとは関わりなく行われることになり、熊谷が受けたトレーニングと変わらなくなってしまうでしょう。実際に、熊谷は、筆者との私信で、熊谷自身が物心つく前から動作法を経験してきたのですが、それはまるで、試合のない永遠の素振りのようなリハビリ、環境や対象物のないパントマイムのようなリハビリだったと述懐しています。この膝立ちは何を目指しているのか、寝返りを打ってなんになるのか、片膝立ちにどんな意味があるのか分からないまま、ひたすら、健常者の動きを何度も何度も模倣し続けたのだそうです。これは言わば、他者の模倣だけを学ばせるリハビリであり、自分自身の身体で環境と向き合うことを学ばせるリハビリではありません。

熊谷は一八歳で一人暮らしを始めてからは、他者を模倣するのではなく、主に環境からのアフォーダンスに突き動かされるように身体を動かし始めたと言います。その結果として生成した熊谷の固有の身体の動きは、健常者の身体の動かし方とは似ても似つかないものだったそうです。しかし、熊谷にとって意味のある動きは、その独自の動かし方のほうだったし、環境とのインタラクションを通じて、生まれて初めて、自分の身体の輪郭というべきものをつかめたように感じたと言います。熊谷にとっての問題は、環境との間であるインタラクションをしようとしても、健常者の運動を模倣したのではそれが達成できないことです。ここに、後に述べる当事者研究の重大な意味があります。

身体図式は、自発的な行動を行っているときにこそ構成され、自発的な行動を行う中で修正され、再構成されていきます。子どもにとって自発的な行為を行っている最中に、その身体運動を援助してあげることが、当人の意識的な運動制御を改善します。援助者は、その際に、子どもの自発的行為が何を意図したものなのかをはっきりと見る必要があります。子どもが、環境と関わらずに、ひとつのトレーニングとしてある身体部位だけを動かしているときに援助しても、それは他の日常生活における動作改善に結びつかないことは先ほど述べたとおりです。

笹本は、以下のように指導する側の問題点を指摘しています。すなわち、教育する側が、特定の訓

練法や教育法に内在的な規範に忠実であるあまり、子どもの存在を忘却してしまう場合です。★7

①指導法に示された内容をそのまま子どもの個に当てはめることにより、子どもの行動が改善されたり身体の動きにおける機能的側面の回復や改善がみられたりすると考え、それらの達成度を「身体」や「身体の動き」における量的側面から評価していこうとする。

②そして、そこで行われる指導者の個々の活動は、機能的側面を回復したり改善するという体系の展開という目的だけのための無機質的、機械的一機能としての側面が自ずと強調され、ともすれば、主観的な要素を極力避け、感情的な表現を避けて子どもをいわゆる客観的に細かく分析していこうとしたり、研究と実践を別個のものとして捉え研鍊に励むという指導者の努力の方向性を助長し、「個人」という側面が少なからず捨象されてしまうという結果になる。

③そして、そこで起こり得るさまざまな指導上の不具合の原因は概して指導者個人の在りようそのものに還元されることはなく、指導技法のまずさや時として指導法そのものに転化されていくということを繰り返すという状況を生み出していく。

笹本が繰り返し主張したのは、脳性まひの子どもの運動改善としては、その子が関心のある対象に向かって関わっていくという自発的で主体的な行為の流れの中において、その身体運動を援助してあげる必要があるということです。そして、そのためには、指導者は、自分もひとりの人間として、意図ある人間である子どもに向かい合わなければなりません。

　ＳＴＡでは、子どもたちが自分のやりたいことをしているときに、その意図を汲んで、よりよい動作になるように支援していきました。ＳＴＡは、日常の生活や勉強と連続しており、特別の訓練の時間として、子どもの他の時間から切り離すことはしません。とくに、身体運動をトレーニングするという文脈に自分を置きにくい子ども、たとえば、トレーニングの意味が理解できないとか、そうした特別な場に身を置くと緊張するとかいった場合には、なおさら、子どもの自然な生活の文脈に沿って援助するほうが有効です。たとえば、子どもがクレヨンに関心を持ち、絵を描こうとしているときに、指導者が子どもの腕にゆっくり繊細に触れて、自分の腕の動きのどこに緊張が入りすぎているのかを感じさせ、自分の身体の動きを自覚させる、といったようにです。そうした繊細な間身体的な交流によって、当人の意識的な運動制御を促進していくのです。

　身体運動を支援する上で大切なのは、自分の身体の動きに気づくことです。成瀬は、動作法の中で自己身体への「気づき」の重要性を指摘していました。滝坂は、この気づきの役割にさらに注目しました。滝坂によれば、脳性まひの子どもにとって、自分の身体やその動きに気づくことが、動作改善の重要な契機となります。滝坂の定義によれば、何かに「気づく」こととは、それを「対象化」することです。ここで言う「対象化」とは、身体のある部位やその運動を、身体全体から分節化して際立たせることを意味します。したがって、身体の部分やその運動を対象化するとは、その当の部分なり運動なりを、それに不随意に随伴してしまう他の身体運動から差異化することです。

　このように、支援すべきは、子どもの自発的な動作であり、動機づけられた動作です。本人がやりたがらない動作を無理矢理にやらせたところで、自発運動によって形成・再形成される身体図式は発達しないでしょう。全体の文脈から切り離された断片的な動作を訓練させても、自発的に行われるより大きなまとまりを持った全体的な行動がとれるようになるわけではありません。私たちは、教育やリハビリの場面で自発性を尊重しなければならないのですが、それは子どもの権利や教育の倫理の問題である以前に、子どもの自発的な成長の力に寄り添わなければ、そもそも学習過程が成立しないからです。

笹本によれば、重度・重複障害児の教育実践の現場においては、あくまで「指導」するという立場に立って客観的観点から子どもの側の変化のみを評価の対象とした知見が書籍の中で提示され、多くの教育実践現場で参照されています。たしかに、その指導書の中にも、教師側のあり方や子どもとのより深い関係について、たとえば、「子どもの人格を尊重し、あるがままの状態像を的確に把握するように心掛けることが大切である」、「子どもの側に立って考えることが重要」などと示唆されていますが、その内容は、きわめて抽象的、情緒的な表現にとどまっていますし、教師側の子ども観や障害観、教育観など子どもとの関わりの根本を問い直すような実践についての論考はほとんど見当たりません。

実際、運動機能であれ、言語機能であれ、子どもが伸びていくときの原則は、たったひとつだけです。すなわち、子どもが自発的に行うことです。すぐれた現場の教員や介護者は、すでにそのことに十分に気づいており、効果的な実践を行っています。今述べたような状況においても、教育実践の現場では、じつに見事に子どもたちの意図を理解し、教育実践の展開を行っている教員の存在も少なくはないのです。同じ教材で同じ指導課題を展開しているにもかかわらず「子ども—教師」の間において非常に円滑に学習が展開できます。しかし笹本によれば、そうした優れた教員たちは往々にして「職人芸の持ち主」と称され、秀でた感受性や感覚を有する例外的な人として「あの人だからこそできる」と特別視されがちだといいます。これでは、その先生方の活動は当人のものだけにとどまり、他に普及することがなくなるでしょう。これは大変に残念なことです。

熊谷の経験

これまで本書で取り上げてきた熊谷晋一郎は、以上の議論と似た考え方を、当事者の立場から提示しています。彼によれば、痙直型の脳性まひは、身体内部の筋肉運動が過剰につながっていることからくる問題を抱えています。★8 すなわち、ひとつの筋肉が緊張すると、他の筋肉も同時にいっせいに緊張してしまうのです。たとえば、健常な人が絵筆で絵を描くときには、指と手首、肘から下の手を動かし、他の部位、たとえば、肩や背中などはそれほど緊張していません。しかし、熊谷の場合には、身体各部位のつながりが強すぎて、そのつながりに余裕や猶予、「あそび」といったものがないために、絵を描くだけでも全身運動になってしまいます。

このように、身体内のつながり（熊谷の言う「協応構造」）があまりに緊密（つまり、あそびがない状態）だと、環境中の人や物としなやかに、柔軟に関係できないことになります。熊谷は、身体運動と環境との応答関係を「身体外協応」と呼んでいます。この協応がないと身体運動は、環境中のアフォーダンスとうまく連動することができずに、環境とのつながりを失い、ひいてはその身体運動は意味を失ってしまうのです。熊谷は以下のように書きます。

この「身体外協応構造が成立していなければ運動が意味を失う」という現実は、何も私だけについて言えることではなくて、誰にとっても当てはまることである。そして、運動がこの構造に組み込まれ、意味を待つためには、運動を繰り出す側とそれを拾う側とのあいだに、あらかじめある程度「こう出れば、こう返ってくる」という了解事項を共有する必要がある。それは、応答するのがモノであっても人であっても、である。★9

熊谷の言う「こう出れば、こう返ってくる」という環境の特性がギブソンの言うアフォーダンスです。しかし、脳性まひの身体は、身体内部のつながりが強すぎるために、環境中のさまざまに異なったアフォーダンス、すなわち、環境の反応の差異に応じることができないのです。熊谷はこう書きます。

他方、脳性まひの身体は、身体内部のつながりパターンが強すぎる（＝自由度が低い）ために、外界で生じる差異を分節化して反応できない。したがって外界と身体とは、細かい差異を無視して、目が狙い状態でつながっていることになる。……

以上のことから、おそらく外界とのつながり感を得るための身体内部の条件は、①外界の「差異」に細かく反応できるための内部自由度、②外界のノイズを排除して「全体」パターンを抽出するための内部統合の両方になると言えるだろう。★10

環境中の細かな差異、さまざまなアフォーダンスに応じるには、身体の内部が柔軟でなければなりません。たとえば、熊谷は、自分の乗る電動車イスを例にとっています。熊谷は、移動時に電動車イスに乗り、ジョイスティックで運転します。ですが、ジョイスティックの感度をあまりに敏感に設定してしまうと、スティックと車イスの動きが連動してしまい、問題が生じるといいます。たとえば、でこぼこした道を走っていると、熊谷の身体の揺れがジョイスティックに伝わり、タイヤの回転数を変化させてしまう。すると、今後はその変化がまた身体に伝わり、またタイヤの回転数に連動して全体がひどいノッキングを起こしてしまうのです。すなわち、車イスと身体の間の協応関係があまりに緊密だと、「あそび」がなくなり、運転が難しくなります。このため、車イスとの一体感はかえって失われます。熊谷によれば、脳性まひの身体は、この車イスに似ています。内部の協応関係がタイトすぎて、環境との繊細なやりとりが困難になり、環境とのつながりを失ってしまうのです。

コミュニケーションの支援とは何か：稲原美苗の場合

先ほど、私はコミュニケーションの支援が、子どもたちが社会の中で自律的に生きる準備のために大切だと書きました。どの子どもでも、保護者や他の子どもたちとコミュニケーションをとりたがります。コミュニケーションの支援とは、そうした子どもが（たとえきわめてその表出が弱かったり、分かりにくかったりしても）自発的に行おうとする他者とのやりとりを支援することです。

コミュニケーションの支援とは、先ほど述べたように、規約的コミュニケーションにおける文法や語彙を獲得させることにこだわる必要はありません。子どもたちが他者との間で創発させているやりとりを促進させることが何よりも大切です。そして、そうしたやりとりの文脈の中で、自分の身体運動がどのようなアフォーダンスを持っているかについて相手に気づいてもらい、自分のアフォーダンスによって相手の反応がどう変わるのかを感じさせるのです。コミュニケーションとは、自分の発話や書き文字がルールに則っているかどうかに関わっているのではありません。それは他者との生きた、相互的で、持続的なやりとりです。発話の意味とは、言葉の中に住んでいる観念ではありません。それは、自分の発話によって相手に一定の反応を引き出そうとする意図に他なりません。先に紹介した表出援助法は、表現行為という文脈の中でこの身体図式の整備を行い、表現としての身体運動を形成・促進していこうとするものです。

稲原美苗は、哲学、障害学、フェミニスト現象学の研究者であると同時に、アテトーゼ型脳性まひの当事者でもあります。彼女は、日本で高校までを過ごすと、大学以降はオーストラリアやイギリスで研究を積んできました[★11]。

彼女は、自分の構音に問題があるといいます。話をすると、身体が不随意に動いてしまい、首がよじれてしまいます。これは脳性まひに起因する「構音障害」と呼ばれる現象です。構音障害には、構音する際の声帯、舌、あご、唇、肺などの筋の問題から生じる場合もありますが、稲原の場合には、筋の問題ではなく、神経系の疾患に起因しています。稲原は、日本語であれ英語であれ、スタンダードとされる発音を行うのに、顔の筋肉をかなりの努力で動かさねばならず、とくに緊張を強いられる場面では難しさが増し、話ができなくなるときさえあります。研究上で発表するときは、センテンスを短くしたり、発音しにくい言葉を避けたりといったことをします。それでも、何度も聞き直されたり、酔っていると誤解されたりするといいます。周囲の人々に理解がないために、構音に問題を持つ人は、話すことについて不安や恐れ、恥ずかしさを感じてしまい、そのことが余計にコミュニケーションを難しくしていきます。公の場所で話すのが嫌で、筆談をしていたとも言います★12。

ここから、健常とされる人たちが聞き取りやすい範囲に合わせて構音しなければならないことが、ある人たちにとっては難しいことが分かります。たしかに、誰であれ、聞き取りやすい音声とそうでない音声があるのですが、社会においてそこに絶対に到達しなければならない発音の基準が狭く設定されていることが、稲原にとって、自身の言葉で語ることから身体的かつ心理的に遠ざけているのです。

その一方で、稲原にとって、興隆してきたコンピュータ・コミュニケーション、電子メールやインターネットだけではなく、パワーポイントや発音装置などは重要な表現の道具となりました。その後、彼女は発表や講義をするときには、文章を読み上げる発音ソフトを使って、コンピュータに発音させる手段を使うようになります。原稿を最初に作っておき、そのアンドロイド・ヴォイスを使って発表をして、質疑応答のときだけ地声を使うようにしています。コンピュータ・デバイスを使ったコミュニケーションは、稲原に表現の機会を広げています。こうした機具の使用を促すことも、有効な表現の支援となりえます。

しかしながら、先に触れたように、稲原にとっても障害を「受容」することは平坦なことではありませんでした★13。

幼い頃から年子の妹と一緒に育てられた私は、妹と比べて何となく自分の身体的な違いを感じていたが、それが何なのか明確に分かっていなかった。家族の中で「障害」という言葉は使われていなかったし、私も自分が「障害者」だと認識していなかった。母や妹が傍にいる環境では、「できないこと」が存在しなかったのだ。リハビリのために隣市の療育園に通っていたのだが、妹のことを考慮し、徐々に回数を減らしていった。母は、私の首の動きを無理に止めようとしたり、私の利き手（左手）を強制的に右手に「矯正」しようとしたりしなかった。しかし、幼稚園に入園した後、「できないこと」が増えていった。それと同時に、周囲から「障害児」と呼ばれるようになり、私自身も「障害」という言葉に敏感に反応し始めた。「障害とは何か。障害児っていったい誰なのか。」と、自問し始めたのは、この頃だったと思う。（上掲書、12頁）

障害受容論は、一九五〇年代のアメリカで興隆した考え方で、人生のある時期に障害を負ってしまった人々が、変化した自分（の身体）にどのように対処するかという問題であり、また、他者が以前と異なった当事者にどのように対処するかという問題です。上田敏によれば、「障害の受容とは、あきらめでも居直りでもなく、障害に対する価値観の転換であり、障害をもつことが、自己の全体としての人間的価値を低下させることではないことの認識と体得をつうじて、恥の意識や劣等感を克服し、積極的な生活態度に転じることである」といいます★14。この考え方によれば、障害受容とは、健常者のあり方や定型発達者の成長を基準として自分を測るのを止め、現時点の自分のあり方を見据えて、そこを出発点として積極的な生活を営むことを指します。障害受容論は、障害をどうしても根治すべきものとして扱う従来のリハビリに対して、リハビリをする側や教育をする側から疑義を唱えた点で重要な意味を持つと言えるでしょう。

しかしながら他方で、障害受容という概念には批判もあります。作業療法士の田島節子によれば、リハビリの初期には「正常」を目指した治療やリハビリが行われ、それに行き詰まりが見えると「代償アプローチ」を展開するようになります。その路線変更のときに、「当事者は障害受容すべきだ」といった言い方がなされがちだと言います。★15 リハビリや教育を推進する側の態度としてありがちなのは、いったん、障害を「何かができない」欠落として否定的な価値を与え、それを障害者に受け入れさせた上で、「卑屈にならずに前向きに生きていきなさい」と指示するようなものだと言うのです。ここには、「あなたはできないけど、その地点から頑張りなさい」と言わんばかりの矛盾があります。

田島は、そこには結局、「できることがよい」という健常者から見た基準が採用されており、障害はどこまでも否定的に価値付けられていると指摘します。また南雲によれば、障害受容とは、リハビリするセラピスト側の都合に合わせて当事者を適応させる一種の「セラピストの専制」であり、同時に、社会の側からの当事者への働きかけの重要性を過小評価していると言います。★16 社会の側がどのように「障害」と呼ばれるものを評価し、価値判断するのか、その点に踏み込まずに、当事者の側だけに過重な態度変更を求めるのはフェアではないと言えます。

稲原の発言は、田島や南雲に共鳴します。稲原によれば、障害は単純に受容できたとか、まだ受容できていないと割り切れるものではなく、自分のことを「障害者」だと感じる度合が状況や環境、接する他者との関係によって変化するといいます。通常は受容できていたはずの障害は、当面する課題にうまく対処できないときの原因として立ち現れ、そこでは強い苛立ちや負の感情が感じられるのです。障害の中で受容できない側面と遭遇することで、稲原は自己を再構築し続けなければなりません。稲原はこう書いています。

「障害」に対する感情も流動的で、自分ではコントロールできない。なぜこの感情は私を苦しめ続けるのだろうか。それは、「障害」はない方が良いと考える健常者中心社会の中で、「障害」を克服―受容するように仕向けられていることから、「健常者への憧れ」を持つように洗脳されてきたのかもしれない。他方では、「障害」があるから健常者とは異なる立場から世界を経験できると捉え、「障害」を個性として解釈するものもいる。これら「同化」と「異化」の考え方は常に私の中で対立している。★17

障害とは健常者との単なる差異にすぎない、障害とは個性にすぎないと主張する人々から見れば、障害と負の特性として受容することを目標にすることは、「障害」における差異を肯定できず、健常者への同化を受け入れた障害者側の敗北だということになるでしょう。「障害」を単なる差異として肯定してしまう態度は、障害を克服したり、受容したりすることを否定することになります。稲原は、自分の中では障害に関する二つの概念が併有しており、対立的・葛藤的になると述べています。

この両義的な状況を稲原は「アブジェクション」という言葉で表現しています。アブジェクションとは、もともと精神分析の用語で、自分の中に生じる負の価値を持った「おぞましいもの」を棄却して、自分の外に放り出そうとする態度を指します。そうした操作を行うことで、自分を清浄で美しく、すっきりした、理想的な自己像を持とうとするのです。アブジェクトとは、自分が主体となるために切り捨てなければならない自分の「おぞましい部分」を言います。稲原にとって、自分の「障害」とはアブジェクトだと言います。学校に通い、成長するにつれて「障害」の曖昧性は切り捨てていかなければならなかったのです。しかし、それは稲原にとって、完全に拒絶することもできず、かといって完全に受容することもできない両価的で曖昧な存在でありつづけているのです。

道行く人々の中には、稲原のことを排他的な視線で眺める人もいると言います。それは、稲原をアブジェクトして扱う態度です。その視線は「こんなものを見たくない」と主張して、自分の中に潜んでいるおぞましいもの、すなわち、身体の脆弱性や変化を自分の中から切り捨てようとしているのです。私も、障害のある子どもに向けられたアブジェクションの視線をしばしば感じてきました。ときには、不条理にも、障害のある子どもを公共の場所から排除としようとする人たちさえいます。レストランのような場所で、周りに大きな迷惑をかけているわけでもないのに、「その子どもたちを連れて出て行ってくれ」と言われることさえあります。こうした排除の視点を内在化してしまった障害のある人たちは、外を歩いたりすることさえ罪悪感を持ってしまいます。しかし私たちは分かっています。そうしたアブジェクションを行う人たちこそ、自分の中に、死や病気、障害、貧困に関する大きな不安と自己脆弱感を抱えていることを。その想念ゆえに、自分自身を許し自分自身を愛することができないでいます。稲原が言うように、そうした人は、自らを確立するために、不断に何かを排除し、自分を問い直さねばならない不安な状態に置かれているのです。絶対に見習うべき「普通（正常、健常、通常)」という観念にあまりに固執してしまい、つねにそこに自分を合わせなければならないと思っている人々は、恒常的に自己否定的な状態にあり、それゆえに「普通」ではないと思われる人々を攻撃し、排除しようとします。そうした人たちは、排除や差別によって自分のアイデンティティを維持しているのです。

では、障害をアブジェクトとせずに、障害とともに生きるにはどうすればよいでしょうか。コンピュータ・デバイスを使った会話は、障害を障害として受容したことになるのでしょうか。それとも、健常者との差異を差異のまま残した試みなのでしょうか。この場合には、コンピュータは、聞き手と話し手の媒介になったと言えるでしょう。アンドロイドボイスで、コミュニケーションはより容易になりました。しかし、そのアンドロイドボイスは、稲原の声を聞き慣れない人にとって、単により聞きやすくなったというだけで、アンドロイドボイスが「健常な声とは違う」という両義性や曖昧さがなくなったわけではありません。コミュニケーションに規約が介在し、人々がそれらを絶対に従うべき規範と見なしている限り、ある種のアブジェクションが存在しつづけるでしょう。コミュニケーションとは、どこかにある空虚な規則に則って音声を出すことではありません。コミュニケーションとは、本来、自分の眼の前にいて自分に何かを訴えかけて存在とともに、今ここで何かのやりとりを立ち上げていく共同作業です。こうとは思わずに、「正しく」「普通に」話すことがコミュニケーションだと思っている人がいる限り、アブジェクションはなくならないように思われます。

稲原は、後で触れる当事者研究に大きな意義を見いだしています。当事者研究とは、自分の障害からある程度の距離をおいて、自分の苦しみや問題を他の当事者の事例と比べながら「研究」する態度です。その相対化するための視点は、専門家からではなく、同じような問題や困難を持っている当事者から与えられます。ここでの同じような問題や困難とは、専門家の分類する「何とか障害」という診断ではなく、まさしく通常の生活を送る上での、さまざまな人々に横断的に共有される問題や困難のことなのです。この「受苦（パッション）」を共有するためのコミュニケーションの中にこそ、アブジェクションに陥らない人間交流の場が開けるのではないでしょうか。

心理学者の鯨岡峻は、障害を「接面」から捉え直すべきだと提案しています[★18]。接面とは、人と人が関わる中で、一方が相手に（あるいは双方が相手に）気持ちを向けたときに、両者の間に生まれる独特の空間や雰囲気のことです。接面は、物理的な現象ではなく、対人関係の相互作用の中で創り出される心理的な場のことです。この接面は、ひとりの人間がひとりの人間として対峙したときに生まれるものであり、ひとりの人間を「何々障害」という一般化された枠組みの中で一標本であるかのように捉えるならば、接面は生じないのです。この接面から障害を捉えることは、「障害」のある人々への接し方に重大な態度変更を求めることになります。鯨岡は以下のように優れた結論を述べています。

実際、これまでの支援（療育や教育）は、もっぱら日に見える子どもの「遅れ」や負の行動を中心に、「それをいかに改善するか」という発想にとどまってきました。この支援のかたちは、研究者の「一般論」を導こうとする発想や、個別具体を「単なる一事例」とみる発想の下で、子どもの「障碍」を負の行動とみる中から生まれたものです。しかしながら、これまでの「関係性の障碍」の議論を踏まえれば、支援を求めているのは、障碍のある本人ばかりではありません。とりわけ「発達障碍」の場合、その当の子どもばかりでなく、保護者やその家族もまたさまざまな「困り感」と「生きにくさ感」を抱えて生活しています。ですから支援は単に子どもの行動の改善にとどまりません。…そうしてみると、支援とは単に「役に立つ関わり方をすること」である前に、その「接面」で響き合うもの、通底してくるものを感じ取って、「いま、ここ」で苦しみ悩む人のその思いを受け止め、同じようにいまを生きる仲間としてそれを理解しようと努め、「いま、ここ」を一緒に生きていることを確かめあうことが出発点になるものではないでしょうか。★19

第五章

自閉症の現象学

本章では、自閉症スペクトラムの当事者、綾屋紗月と東田直樹を事例に取り、自閉症と呼ばれる症状を当事者の視点から捉え直すことを試みてみましょう。

従来、自閉症は、その「自閉」という名前のとおりに、人間関係や社会性、コミュニケーションに関わる障害として定義されてきました。私が国立特殊教育総合研究所の特別研究員であったときにも、自閉症と呼ばれる子どもたちと接していましたが、当時から、この定義にかなりの疑問を抱いていました。これは私だけではなく、現場で子どもたちに接している多くの先生方や研究者の方たちも共有していた疑問です。

現場の教員や保護者のかなりの数の人は、社会性やコミュニケーションよりももっと基本的であるような当事者の問題に向き合っていました。というのも、自閉症とされる子どもたちや人たちの多くが、直接に訴える問題は別のところにあったからです。その多くの当事者が訴えている問題とは、感覚知覚と運動の制御の問題、大まかにくくれば、認知の問題に関わっていました。対人関係の問題はむしろ二次的に思えました。

その後、東田直樹を知る機会を得るにいたって確信は深まりました。東田は、自閉症の当事者で、口語による表現がうまくできず、使える言葉は限られています。原稿を読もうとすると声はフィードフォアを起こしてどんどん大きくなっていきます。あちこちに動き回り、一見すると典型的な重度の自閉症の振る舞いをします。しかしながら、彼は、タイプライターを使って、優れた分析力を感じさせる文章や、豊かな想像力と鋭敏な感性を活かした詩や童話を書き、独特の構図と色調の絵本を描きます。[★1] それは、たしかに美的に優れた表現であり、自分の自閉症と呼ばれる世界がどのようなものなのか、しっかりと説明され、描き出されています。東田の表現は、健常と呼ばれる人々のあり方を理解した上で、さらにそれと自分とを比較しなければ書ける（描ける）ものではありません。一見すると典型的にカナータイプと分類されるだろう東田は、たしかにマジョリティと同じ仕方でのコミュニケーションには問題があろうとも、「自閉」しているわけではまったくありません。他者も自分も理解しています。ここには、専門家による診断や能力の評価と、自閉症当事者が実際になしうることとの間の大きなギャップがあります。

そこで、数年前に日本発達心理学会において、生態心理学の立場から、自閉症を何よりも知覚の障害として捉え直す発表を共同で行いました。[★2] その同時期に、綾屋紗月と熊谷晋一郎の『発達障害当事者研究』を読み、また、その後、直接に二人に話を伺うにつれ、当事者の視点と、医療者・研究者・教育者の視点のギャップが、これまで思っていた以上に大きな問題であることが分かってきました。このギャップを特別支援教育や医療はこれまで見過ごしてきたのです。

自閉症が、感覚や知覚、大きく言えば認知の障害であるとすれば、そして、常同行動と判断される一見すると奇妙な振る舞いの背後で、彼らが健常な知性や表現力を持つとするならば、自閉症への援助と教育はどうあるべきでしょうか。また、それをどこまでも対人関係の問題として捉えようとする従来の自閉症観はどこに問題があるのでしょうか。本章では、自閉症の身体性を新たな角度から捉え直したいと思います。

綾屋の問題提起と当事者研究

綾屋紗月は、物心ついた頃から「明らかに人と交われる気がしない。一線を感じる自分はいったい何者なのか」という思いを抱き続けていたと言います。大学在学中、関東聴覚障害学生懇談会にて聴覚障害（ろう）学生とともに活動しながら、音声で話すことに困難を感じてきた自分の言葉として手話を習得しています。そして、二〇〇六年、アスペルガー症候群（自閉症スペクトラム障害）との診断名をもらいます。現在、東京大学先端科学技術研究センター研究員として、精神障害や発達障害について当事者の立場から研究を行っています。また、現在、日本初の、発達障害当事者による発達障害当事者のための就労支援施設「Alternative Space Necco」にて研究会を開催しています。

綾屋が熊谷と行ってきた自分に関する研究は「当事者研究」と呼ばれます。当事者研究とは、北海道浦河町にある「浦河べてるの家」と浦河赤十字病院精神科において二〇〇一年二月から始められるようになった精神障害当人（主に、統合失調症や人格障害のような精神障害を被った人々）やその家族自身による一種の自助プログラムと、それにヒントを得た同趣旨の取り組みを指します。当事者研究は、精神疾患治療や社会福祉の分野のみならず、心理学や特別支援教育においても、精神疾患に対するきわめてユニークな試みとして広く知られるようになり、日本の各地で活発に活動しています。綾屋が熊谷の研究は、べてるの家の先駆的な試みにヒントを得たものです。

浦河べてるの家を設立した向谷地によれば、当事者研究というプログラムは次の五つのステップからなっています。★3

①〈問題〉と人を切り離す：「爆発を繰り返してる○○さん」から、「爆発をどうにかやめたいと思っているのにやめられない苦労を抱えている○○さん」という当人の問題を客体視する観点を持つ。

②自己病名をつける：自分の抱えている苦労や症状の意味を反映した、自分がもっとも納得できる「病名」を自分でつける。たとえば、「統合失調症悪魔型」、「人間アレルギータイプの人格障害」など。

③苦労のパターン・プロセス・構造の解明：症状の起こり方、行為、苦しい状況への陥り方には必ず規則性や反復の構造がある。それを仲間と話し合いながら明らかにする。

④自分の守り方、助け方の具体的な方法を考え、場面をつくって練習する：予測される苦労に対して、自己対処の方法を考え、練習する。自分を助ける主人公はあくまで「自分自身」である。

⑤結果の検証：以上の過程を記録し、実践してみる。その結果をまた検証し、良かった点とさらに良くしていく点を仲間と共有し、次の研究と実践につなげる。研究の成果は仲間に公開する。

ここで言う当事者の「研究」とは、科学的研究のことではありません。それは障害のある人たちの自己認識のことであり、自分の障害を主体的な問題として捉え、自分のクオリティー・オブ・ライフの向上を目指す取り組みのことを意味します。

従来は、障害は医療や教育の専門家たちの視点から捉えられてきました。障害のある人は、彼らから処方を受け、「治療」され、教育と訓練を受けてきました。すでに述べたように、こうした枠組みの中では、障害のある人々は、対象化され、受動的な態度をとらされます。当事者研究には、専門職によるパターナリスティックな介入に対する批判的な含意があります。すなわち、当事者研究とは、専門職によって「保護」され、自主性を奪われていた当事者たちが、同じ問題を持つ当事者同士で話し合い、互いの問題やそれに関する情報や対処法を共有し、比較し検討し合うことを通して、自分たちの生活の自律性を獲得しようとする試みなのです。当事者同士の「研究」によって、当事者たちは自己認識を深め、問題に対処するための具体的な方策を教え合い、自己表現や自己制御、自己運営する力を獲得します。

当事者研究とは、専門家の視点を踏まえながらも、それとは異なる当事者自身の視点から自分の困難を捉え直し、自分の生活の改善を目指す活動です。そこでとりわけ大切になるのが、同じような問題や困難を抱える人々と共同することです。しかし、当事者研究とは、「苦労」を共有している者同士の相互援助であって、医学上、同じ疾病を共有している者同士の相互援助ではありません（もちろん、事実上、類似した疾病者同士での活動となることは多いのですが）。自分の障害を知るためには、その問題からある程度の距離をおいて自分を相対化しなければなりませんが、その相対化するための視点は、専門家からではなく、同じような問題や困難を持っている当事者から与えられます。「自分自身で、共に」というべてるの家のスローガンに意味はここにあります。それは、相互的援助による自律を目指しているのです。

したがって、私なりにまとめると、当事者研究は以下のよう取り組みだと定義できます。★4

①障害当事者が自身で自分の問題に取り組み、何らかの形での生活の改善を目指す。
②その際に、自分の障害に対して距離を取り、知的探求の対象として客観化する（症例に自分で名前をつける、問題発生の過程や構造を明らかにする、など）。
③自己の障害を客観化するために、同じような問題を持つ人々と話し合い、情報や実践方法を共有する当事者同士の相互的な自助援助を行う。

当事者研究の意義については最後に再び触れたいと思います。さて、当事者研究を経て綾屋が強く提案するのは、自閉症スペクトラムがどのような障害であるかという、自閉症スペクトラムの定義の変更です。すなわち、綾屋によれば、自閉症スペクトラムの一部の人たちは、第一に、感覚統合・意図（実行）統合の問題を抱えています。これは、従来の対人関係の問題として捉えられてきた自閉症スペクトラムの定義に根本的な変更を要求します。綾屋は、自閉症の当事者たちが、言語的コミュニケーションや他者との交流に困難が存在しているとしても、そうした問題はより根源的で中核的な障害から派生したものだと考えます。その中核的な障害をどのように名付けるかはいろいろですが、少なくとも一部の人々が抱えているのは、感覚知覚過程と運動制御過程の問題、大きく言えば、「認知」の問題だと、綾屋は主張します。

これまで、当事者の声はせいぜい専門家が「データ」として参考にするだけであって、当事者はあくまで治療やリハビリテーションや教育の客体にすぎませんでした。しかし、一九九〇年代以降、ドナ・ウィリアムズやテンプル・グランディンといった人たちをはじめとして、自閉症者自身によって成育歴や心身状態の報告がなされるようになりました。そこで、たとえば、グランディンは次のように書いていますが、この意見は綾屋の自閉症観と一致しています。

ところが、感覚が正常に働かなければ、どうなるか。眼球や耳管、舌や鼻や指先の感覚受容器官の話をしているのではない。脳の話だ。ほかのみんなと同じ知覚情報を受け取っていても、脳がちがう解釈をしていたら、どうなるだろう。まわりの世界で体験することが、ほかのみんなと大きく異なり、もしかすると背痛を感じるほど異なっているかもしれない。そうなると、文字通り、べつの現実――べつの感覚的現実――で生きていることになる。感覚処理問題については、自閉症の講演を始めてからずっと語ってきて、今では、かれこれ三十年になる。その間に出会った人の中には、耳に入ってくる音がだんだん大きくなったり小さくなったりして、接続不良の携帯電話で話しているように聞こえたり、花火の大音響のように聞こえたりするという人がいた。体育館に行きたくないのは、スコアボードのブザーの音がいやだからだという子どももいた。母音しか口に出せない子どももいたが、おそらく子音が聞きとれなかったのだろう。こういう人びとのほぼ全員が自閉症で、蓋を開けてみれば、自閉症の人の十人中九人が、一つ、あるいはいくつかの感覚処理問題をかかえている。★5

自閉症スペクトラムの定義

以下では、綾屋の自閉症の当事者研究を検討しますが、その前に自閉症がどのような障害と考えられているか、現在の医学的な定義を見てみましょう。先に述べたように、自閉症の定義はDSM-5では大きく変わりました。

DSM-IV-TRでは、「通常、幼児期、小児期、また青年期に初めて診断される障害」という大分類の中に精神遅滞、学習障害、運動能力障害、コミュニケーション障害、広汎性発達障害、注意欠陥および破壊的行動障害、幼児期または小児期の哺育・摂食障害、チック障害、排泄障害、その他の障害という中分類が含まれています。そして、広汎性発達障害の中には、自閉性障害、レット障害、小児期崩壊性障害、アスペルガー障害、特定不能の広汎性発達障害という五つの下位分類が含まれています。

これに対して、DSM-5では、「神経発達障害（Neurodevelopmental Disorders）」という大分類のもとに、知的発達障害、コミュニケーション障害、自閉症スペクトラム障害、注意欠陥・多動性症候群、特定学習障害、運動障害という中分類が含まれました。従来の自閉性障害、小児期崩壊性障害、アスペルガー障害、特定不能の広汎性発達障害の四つを連続的なものとして、「自閉症スペクトラム障害」という分類としてひとくくりにまとめられました。四つの障害を自閉症スペクトラム障害へと統合する考え方自体は、ウィングによって八〇年代に提案され、すでに広範に受け入れています。「レット障害」は、遺伝子的変異によって引き起こされる症候群であることが明らかになったために、発達障害の分類からは削除されました。

さて、問題の自閉症の定義ですが、これまでの研究と現場からの報告から、自閉症の症状が均質でも恒常的でもないことが明らかになり、幅のあるスペクトラム（連続体）をなしていると見なされるようになりました。また、さらに言えば、自閉症の病因とされるものがさまざまであるために、そこにあらゆる事例に共通する基本障害と言えるものがあるかどうかも疑問視されます。これを反映して、DSM-5による自閉症スペクトラムの定義では、話し言葉の遅れや言語的コミュニケーションの欠如など、話し言葉に関する項目が診断の条件から外されています。同様に、象徴的・想像的遊びの欠如、言語的コミュニケーションの欠如ないし弱さ、物まね遊びの欠如も診断項目から外されています。

しかしながら、自閉症の症状には、てんかん、脳波異常、知覚異常、言語発達の遅れなど、脳障害を推測させる要素が多いとされます。また、その病因としては、染色体異常、遺伝性疾患、代謝異常、感染症、周期性障害など広範にわたる一方で、原因のはっきりしないものが八〇～九〇％に及ぶとされます[★6]。一卵性双生児の双方が自閉症を発症する割合が、二卵性と比べて著しく高いため、何らかの遺伝性の要因が絡んでいることが示唆されます。これらのことから、現在では、脳の器質性障害によって発症するのであって、子育てなどの心因によるものではないことはほぼ間違いないと言われます。しかしながら、グランディンが言うように、自閉症の原因が、ひとつないしは少数の遺伝子的変異として特定できるという見込みはなく、それゆえに、将来的に遺伝的な治療が開発されるという可能性も乏しいと言えるでしょう[★7]。

病理学的に言えば、自閉症特有の特定箇所の脳損傷が見いだされているわけではありません[☆1]。自閉症においては、脳の個々の機能よりも、脳の全体的で複合的な機能が問題となっているであろうと指摘されています。つまり、ある部位の機能不全が単独で自閉症の原因になっているのではなく、ニューロンネットワークの障害から皮質が担う機能がバランスを減じていると考えられるのです[★8]。

☆1：他方で、自閉症者の脳には一定の特徴が見いだせるという研究も存在します。たとえば、自閉症の子どもは乳幼児に「脳肥大」を経るという医学的所見が存在しています。ですが、これはすべての自閉症者に当てはまるわけではありません。前頭葉の過剰成長を指摘する論文もありますが、その反対の発見もされています（サイモン・バロン＝コーエン『自閉症スペクトラム入門：脳・心理から教育・治療までの最新知識』水野薫・鳥居深雪・岡田智（訳）中央法規出版　2011　pp. 122-123.）。脳構造の面から言えば、自閉症者では、情動に関与するとされる扁桃体、記憶に関与する海馬、注意の切り替えなどに関与する尾状核と小脳の一部が小さいとされています（上掲書、p. 124）。また、橋本は、「遺伝要因および妊娠の比較的早期に何らかの要因があって脳幹、小脳、辺縁系、帯状回を含む前頭葉、側頭葉を中心に発達障害が生じていることが推測される」（橋本、2008 p. 18）としています。しかしながら注意すべきは、これらの研究は、自閉症者に「特徴的な行動」に関与しているとされる脳部位を探る研究であり、「問題行動」とされるものに関係している脳部位を総括したもの以上ではありません。しかし結局は、これらの研究が暗示しているのは、自閉症の症状には、相当に広範囲の脳部位が関係しているということです。

以上の研究を反映しながら、DSM-5では、自閉症スペクトラム障害は、以下のA～C、および、Dの項目を満たすものとされています。

A．社会的コミュニケーションと相互交渉の持続的な欠如。文脈を超えて現れ、一般的な発達の遅れによっては説明されず、以下の三つの症状すべてが現れるもの。

1．社会的－情動的相互性の欠如

2．社会的相互交渉のために用いられる非言語的コミュニケーションの欠如

3．発達段階に応じて仲間関係を構築・維持することの欠如（介助者との関係性以外に）

B．限定され反復される行動、興味、活動のパターン。以下の少なくとも二つの項目が現れること。

1．常同的あるいは反復的な会話、運動、対象の扱い

2．ルーチンや儀式化された言語的・非言語的行動への過剰な執着、あるいは、変化への過剰な抵抗

3．異常な強度と集中をもった、きわめて限定され固定的な関心

4．感覚入力への過敏・過小な反応、あるいは、環境の感覚的な側面への並外れた関心（痛み・温暖への見た目の無関心、特定の音や肌理への回避反応、対象の過剰な臭覚と触覚、光や回転する対象に魅惑される）

C．症状は小児期早期に存在する（しかし社会的要求が許容範囲を超えるまでは明らかにならないかもしれない）

D．全体の症状が日常生活の機能を限定し、障害を与えている。

しかしながら、それぞれの患者がどのような障害に当てはまるのかと、細かく分類することにはあまり意味はありません。ひとりの子どもが、どのような発達をするかという長期的な予測を、それほど長くない診察から得られた単純な分類で決めてしまうことは危険ですし、実際に、その子どもにどのような医療的措置をとり、どのような教育的介入がふさわしいかを考えるのに、症例として細かに厳格に分類することが役に立つとは思われません。

自閉症の中核的な特徴とは何か（1）：心の理論説の問題

自閉症スペクトラムの「症状」はきわめて広範であり、ＤＳＭの診断は患者に見られる典型的な行動様式を加算的にリストアップしているだけとも言えるでしょう。しかし、自閉症スペクトラムという障害の中核的特徴とは何でしょうか。あるいは、そうしたものがあるのでしょうか。

自閉症スペクトラムは、その名前、自閉症（autism）とから分かるように、その中核的な特徴は、社会性やコミュニケーション能力の発達の停滞として見なされてきました。「自閉症」という名前をつけたのは、アメリカの児童精神科医レオ・カナー（Leo Kanner）です。彼は一九四三年に、子どもの患者たちの中に、他者との感情的接触の欠如、常同傾向やこだわり行動、コミュニケーション上の問題といった共通の特徴を示しているグループがあることを発表し、「早期乳幼児自閉症」と名づけました。[★9] カナーは、この子どもたちは統合失調症に陥っており、上記の行動特徴はその陰性症状である「自閉」であると指摘しました。このカナーの定義から、自閉症の中核的特徴は、現在に至るまで、社会性やコミュニケーションの問題にあるとされてきました。同じ理由から、自閉症が、内向的な性格や自分の中にひきこもるようなうつ状態として誤解されることさえありました。

さらに、一九八〇年代後半から、バロン＝コーエンを中心にして「心の理論」説に立った認知科学的な理論が登場し、社会性とコミュニケーションの障害という自閉症の定義を裏打ちしました。[★10]「心の理論」とは、「心」の存在を他者の中に認め、その「心」の存在を前提にして他者の行動を理解したり、説明したり、予測したりするような能力のことを言います。単純に言えば、私たちの中には、他者の心を「読む」ための内的機構が存在するのだという考え方です。[☆2] バロン＝コーエンたちは、自閉症の中核はこの「心の理論」能力の損傷にあると主張し、この考え方に多くの研究者たちが賛同し、臨床心理だけではなく、発達心理や認知科学、脳科学といった分野で研究が重ねられてきました。[★11]

☆2：バロン＝コーエンは、他者の心を「読む」ためのモジュールとして、意図検出器（Intentionality Detector）、視線検出器（Eye-Direction Detector）、注意共有の機構（Shared-Attention Mechanism）、心の理論の機構（Theory-of-Mind Mechanism）

の四つを想定しています。そして、自閉症では、行為者と対象と自己の間に構築されている三項関係の理解（注意共有の機構と心の理論の機構）に問題があると論じています。

心の理論説は、現在でも、心理学や脳科学ではかなり支持されている理論です。しかしながら他方で、心の理論説は、他者理解の説明法としても、自閉症の理解としても数多くの批判を受けています。[12]心の理論説を例証しているとされる事例や実験条件にさまざまな問題を見つける反対論文や、自閉症と診断されても心の理論を有していると考えられるケースを取り上げる論文がいくつも出版されました。また、心の理論説が前提としている他者理解なるものが、きわめて狭い視野に立ったものであるとして、理論的に批判する論文もあります。こうした反対論文の一部は、リューダーとコストール編著の『心の理論に抗して』[13]というアンソロジーに集められています。

先に述べたように、私が国立特殊教育総合研究所にいたときには、多くの研究者や教師が、DSMの自閉症の定義に違和感を抱いていました。まず、「自閉症」としてくられる子どもたちの振る舞いが単一の障害としてくくることができるかどうか分からないほど多様であると同時に、「自閉傾向」と呼ばれる境界的な事例もたくさんあったからです。この疑問は、私にとっては「自閉症スペクトラム」という概念によってかなり解消されました。

しかし第二の疑問は、最初に述べたように、「自閉症」が社会性やコミュニケーションの問題であるという定義が間違っているのではないかという直感です。自閉症の中核的問題はそれとは別の、以下で述べる実行機能の問題や統合的認知機能の問題だと思われたのです。先のグランディンはこう書いていています。「この二、三十年に、自閉症の人に「心の理論」——他人の立場に立ってまわりの世界を見て、適切な情動反応を示す能力――があるのかどうかを論じた論文は、何千とまでは言わなくても何百本も見てきた。ところが、感覚処理の問題に関する研究は、はるかに少ない――そのわけは、おそらく、この研究をするには、自閉症の人の脳のような、ニューロンの誤発火という混乱した状態を通して眺めた世界を、想像する必要があるからだろう」★14。

以下では、心の理論説の批判の中で重要な指摘だと思われるものをあげておきます。ひとつには、心の理論説は、他者理解とは他者の内的な欲求や信念などの推測であるかのように想定している点です。すなわち、バロン＝コーエンたちの研究では、心とは相手の「内面」であり、その相手の内面に存在している欲求と信念を理解するための認知能力が健常な人間には備わっていて、これが私たちの社会生活の基盤となっている、と想定されています。しかし本書でも繰り返し指摘した通りに、対人関係やコミュニケーションは、人間同士の相互作用としてあり、そのやりとりは持続的な過程です。他者の理解とは、相手とのやりとりの中で徐々に形成されるというだけではありません。コミュニケーションとは、理解される側は理解しようとする側に応じて自己表現を変え、そうした他者からの反応を通して自分自身を理解していくといった循環的で創発的なやりとりの中でなされるからです。したがって、コミュニケーション能力とは、心の理論説が言うように、他者理解モジュールだけが担う特定化された能力には思えません。

そもそも、心の理論説が、心理状態の対象への帰属について述べるときには、その対象（相手）に心理状態が帰属できることがすでに前提となっています。つまり、相手の心を「読む」ことができる以前にすでに相手に心を認めています。こうしたことは、他者との交流が、知的な判断（相手の内的な信念や欲求を推論する「理論」である以前に、身体的で知覚的な次元で始まっていることを示しています。心の理論説は、深い次元で開始されている他者との交流を見逃しています。すなわち、他者理解は、もっと直接的で、身体的で、イナクティブ（enacitve）な他者との交流として行われているのであり、心の理論のような他者を知的に表象する以前のものなのです。少なくとも、心の理論は、後発的で、副次的な他者理解のあり方です。

イナクションとは、環境と身体とが直接に相互交流することを言います。九〇年代中頃になると心の哲学の分野では、コンピュータ科学に基づいた考え方とは異なる発想が生まれてきました。そこでは、心の身体性（embodied）、状況・文脈依存性（embedded）、環境との直接的相互作用（enaction）、拡張性（extended）を強調するようになりました。他者交流についても、コミュニケーションの身体性やそれが行われる状況や文脈が本質的な役割をすることが理解されるようになりました。さらに近年、人間関係を、他者や社会規範との身体的で直接的な相互作用として理解しようとする研究が目立ち始めています。社会的認知や他者理解における「イナクション説」です[★15]。イナクション説は、心の理論説に対して強く批判的です。イナクション説によれば、他者とのコミュニケーションとは、心の理論説が言うような三人称的な立場から他者の内面を表象したり推論したりすることではなく、現在進行形的で、ダイナミックで相互的な身体的な交渉であり、それを通した共同的な意味形成なのです。

自閉症者に何らかの対人関係の困難があったとしても、それは特定の「コミュニケーション機能」なるものがあって、それが損傷しているのではありません。当事者と他者との間に共通了解を作り上げていくような相互作用のループが形成されないからです。イナクション説にとって人間の心理的過程は、環境とのやりとりする中で生まれてくる創造的な過程です。コミュニケーションも、ある一定の環境と歴史的文脈の中において、他者と相互交流していく循環的な過程です。対人関係に困難があるとすれば、この循環的過程をうまく作れないことに由来します。そして、その困難の原因は、どちらかの側に一方的に帰属させることはできないのです。

自閉症の中核的な特徴とは何か（2）：バロン＝コーエンの変化

以上のように、心の理論説には多くの批判が集まるようになりました。ここで注目したいのは、心の理論説（「マインド・ブラインドネス仮説」とも言い換えられます）の主導者であったバロン＝コーエンが、近著（2011）では、「共感化―システム化仮説」を提唱して、立場を変更してきたことです。バロン＝コーエンのまとめでは、従来、自閉症については、マインド・ブラインドネス仮説、実行機能障害仮説、弱い中枢性統合仮説、大細胞仮説という四つの立場が存在していました。それに対して、バロン＝コーエンは、共感化―システム化仮説が最も有望な仮説であると主張します。★16

マインド・ブラインドネス仮説とは、心の理論説のことです。バロン＝コーエンはこの理論の長所は、自閉症スペクトラムの当事者に共通している社会性とコミュニケーションの困難を説明できることにあり、短所は、その他の特徴を説明できないことだとしています。その他の特徴とは、DSM-5で言うと、「限定され反復される行動、興味、活動のパターン」のことです。すなわち、常同的行動、変化への過剰な抵抗、きわめて限定され固定的な関心、感覚入力への過敏・過小な反応です。

実行機能障害仮説とは、「自閉症とは、運動動作、注意、思考などの活動を調整したり、切り替えたりする能力、すなわち、運動や実行に関わる機能の問題である」という仮説です。この仮説は、自閉症の常同行動や特定のものへのこだわり、発話の問題などの特性を、実行機能の不具合として説明できます。しかし、自閉症者がなぜ特定の内容にこだわったり、ある特異な情報に強く関心を示したりするのかがうまく説明できません。

弱い中枢性統合仮説は、自閉症とは、さまざまな認知内容を統合する過程の弱さに問題があるという仮説です。それによれば、自閉症者は、定型発達の人に比べて、細部や限局された知覚にとらわれてしまい、部分を全体の文脈の中で位置づけることが難しいという傾向を持っています。これゆえに、自閉症者は、定型発達者が気のつかないような微細な感覚的性質に反応し、ときに感覚過敏を示し、嫌いな刺激に対して強い忌避行動をとるのです。また、自閉症者はときに、詳細な記憶を持っていたり、限局されたことに巧みな技能を持っていたりするのですが、この現象もこの仮説はうまく説明できます。

大細胞仮説とは、脳内の情報処理の主要な回路である小細胞回路は損傷していないが、もうひとつの主要な回路である大細胞回路が機能不全を起こしているというものです。この仮説はまだ十分な証拠が与えられているとは言い難いものです。

バロン＝コーエンは、以上の仮説の長所を取り込んだ共感化―システム化仮説を支持します。この仮説は、自閉症者は、「共感性の発達の遅れと障害」と「完全か平均以上に強いシステム化の技能」によって特徴づけられるというものです。システム化とは、物事を分析したり、人為的に構成したりすることへの衝動です。収集し、機械的に管理し、数的に処理し、抽象化し、規則付け、現象にシステマティックな秩序を与えようとする欲求です。自閉症者においては、このタイプの行動が定型発達者よりも著しく強く、システム化可能な情報に引きつけられるというのです。それゆえに、この傾向は当事者にとって日常生活を送る上での困難になると同時に、ときには、特定の分野での優れた能力として発揮されるといいます。

システム化仮説は、弱い統合仮説が、認知における「統合的機能の弱さ」の問題として捉えていたことを、認知における「強すぎるシステム化」の結果として捉えなします。バロン＝コーエンはこう言います。

共感化―システム化仮説は、弱い中枢性統合仮説のように、〈認知スタイル〉の独自性（思考や学習スタイルの特異性）について焦点を当てている。システム化しているときには、ごく細かい部分へ注意を払う必要がある。このことから、弱い中枢性統合仮説のように、優れた注意（知覚と記憶における）が仮定される。…この二つの仮説の違いは、弱い中枢性統合仮説は、自閉症スペクトラム症状のある人が細部の情報に引きつけられることを（時として局所処理と呼ばれる）、ネガティブな原因（統合能力に欠けるため）として見るのに対して、共感化―システム化仮説では、この同じ性質（優れた細部への注意）を、高度に目的的なものであるとして見る。★17

バロン＝コーエンによれば、弱い中枢性統合仮説では、自閉症やアスペルガー症候群は物事の細部に集中してしまい、その全体像を理解することには至らないと主張されています。しかし、実際の自閉症者は、認知を調整する機会を与えれば、徐々に全体のシステムを理解できるようになります。共感化―システム化仮説では、この点を説明できるのだとバロン＝コーエンは言います。

バロン＝コーエンの新しい立場は、自閉症者には、対人関係能力における共感化の問題があると指摘し続ける一方で、「システム化」という表現によって、弱い中枢性統合仮説や実行機能障害仮説が指摘していた自閉症者の認知の特性を捉え直したと解釈できます。自閉症者の認知は、認知的な統合が欠如しているがゆえに細部にこだわり、全体を見失うのではなく、統合しようとする欲求が過剰であるがゆえに細部にこだわってしまうのが問題だというのです。そして、その過剰さは、ときとして優れた能力として現れるということです。

共感化―システム化仮説は、以前の心の理論説（＝「マインド・ブラインドネス仮説」）よりも説明力を持っていると言えるでしょう。持説を柔軟に変えていけるバロン＝コーエンは、おそらく優れた臨床家であると思われます。しかし、共感化―システム化仮説は「共感性の発達の遅れと障害」と「強いシステム化の技能」がどのように関係しているかが説明されていません。DMS-5で指摘されてきた二つの自閉症スペクトラムの特徴を、足し算的に説明した折衷案に見えます。

綾屋の当事者研究（1）：自閉症スペクトラムの知覚と意図の現象学

それでは、綾屋紗月は、どのように自らの状態を規定しているでしょうか。綾屋は、当事者の立場から、自身の特徴を「大量の身体感覚を絞り込み、あるひとつの〈身体の自己紹介〉をまとめあげるまでの作業が、人よりゆっくりである」[★18]状態として定義しています。自閉症者の一部は、第一に、大きく言えば、感覚統合・意図（実行）統合の問題であって、対人関係やコミュニケーションは、そこから派生した（重要だけれども）二次的な問題だと指摘するのです。[19]

綾屋によれば、自分自身の認知の特徴は、知覚世界の一部に注意が集中し過ぎてしまい、全体の文脈を捉え損ねてしまうことにあるといいます。彼女は、自身の問題を「どうも多くの人に比べて世界にあふれるたくさんの刺激や情報を潜在化させられず、細かく、大量に、等しく拾ってしまう傾向が根本にあるようだ[20]」と表現しています。自閉症者が細部に注意を集中させる、言い換えれば、細部を把握する能力に優れているという傾向は、すでによく知られています。この理由についてはさまざまな仮説が立てられています。脳の発達の違いにより、細かい部分の情報を把握する「局所処理」能力が強くなっているという仮説や、物事の全体像や関係性を把握する「中枢性統合」が不得手なのだという仮説、さらに、単に細かいところを見ることに強い関心を持っているからだという仮説もあります。[21]

このような細部への集中は認知的に優れた側面をもちますが、他方で、当事者にとってやっかいな状態をもたらします。綾屋によれば、世界の中では、事物や人が統一感なく情報を発しているような状態であるばかりか、自分自身の身体内部からもそれぞれの部分が勝手気ままに情報を発していると言います。それらの情報が、どれが重要でどれが必要かという優先順位をつけにくく、等しく感じとってしまうというのです。綾屋は以下のように自分の経験を記述しています。

そのため電車の中ならば、人々の服装、におい、しぐさ、話し声、車内広告の内容、温度、湿度、電革の揺れ、走る音、ブレーキ音、加減速の圧力、車内の明るさ、車窓の風景、駅名、揺れる自らの身体感覚、立ち続けるための身体のバランスなど、バラバラで大量の情報を無視できずに感じ取ってしまいがちだ。それらの情報や感覚で手いっぱいになってしまっているなかで、さらに「本を読む」という行動を起こすのは至難の業である。何とかあふれる刺激を潜在化させ、「本を読む」という一つの行動にたどりついたとしても、新たに乗り込んできた乗客のストッキングの新奇なレース模様が目に飛び込んできたりすれば、せっかくまとめあげた「本を読む」という行動パターンがほどけ、ふたたびあふれる情報の海の中に投げ出される。私はそんな身体の持ち主である。★22

健常な人たちの知覚は、さまざまな情報を受け取っていても、その中で焦点化された中心的な情報と、そうでない情報に自然に区別がついています。たとえば、ざわざわしている喫茶店の中でも、相手の声だけを拾って会話をしています。つまり、ゲシュタルト心理学で言えば、図と地に分かれていて、図となる部分が前景に来て、それ以外は背景に退くといった感じがしています。注意をそれまで背景になっていたほうに向けると今度はそちらが前景となり、それまで前景だった部分が背景に引き下がります。こうしたゲシュタルト的な顕在性と潜在性の弁別とその交代がうまくなされずに、身体の内からも外からもやってくるさまざまな情報がそれぞれに等しく自己主張しているような感じなのでしょう。

意味とは、ゲシュタルトとして統合された経験において、その経験が「何であるか」自ずと示すものです。環境のアフォーダンスによって、自分にどのような行為が可能になるかも、そのまとめあげられた環境の中に書き込まれています。綾屋によれば、自身の知覚はゲシュタルト的なまとまりが解体しやすく、それゆえにアフォーダンスの知覚にも問題が生じると言います。

刺激の一部が対象＝モノとして背景から絞り込まれる（対象の絞り込み）。そしてモノは、自分は何者であるかについての（自己紹介）と、自分によってどのような行為が可能になるかについての（アフォーダンス）をまとめあげる（意味のまとめあげ）。先述したように私の場合は、いったんできあがった「意味のまとめあげパターン」がほどけやすく、刺激の段階にまで戻りやすい。★23

このように身体内外の感覚的情報をすべて等価なものとして受け取ってしまう状態を、綾屋は「感覚飽和」と呼んでいます。自閉症の感覚世界を表現するのに、これまでの診断では、「感覚の過剰・過小反応性」という表現が用いられてきました。これは、綾屋によれば、自分の経験している世界を的確に言い表したものではないと言います。むしろ、「細かくて大量である身体内外の感覚が、なかなか意味や行動としてまとめあがらない様子★24」という表現が適切だと言います。

先の引用から分かるように、感覚知覚における問題は、意図の形成の困難と結びついてきます。これまで本書で見てきたように、意味のあるものとして世界を知覚することは、「私は何かができる」ということを知ることであり、何かをする意図を持てるようになることでした。健常とされる人も大量の情報を受け取ってはいるのですが、ゲシュタルト化による弁別のおかげで、情報を焦点化して絞

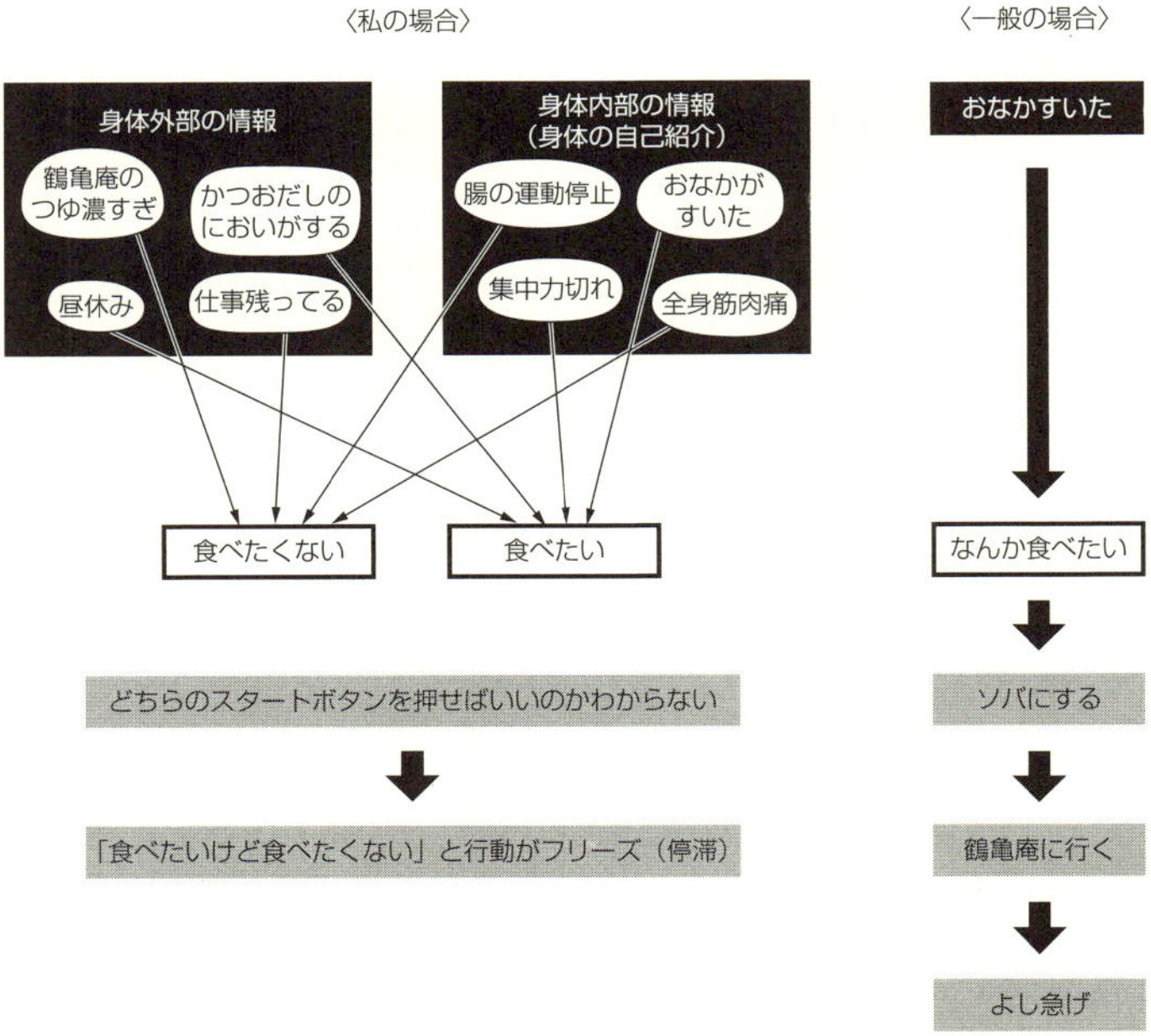

◆図5—1　決められない〈したい性〉

り込むことができ、自分の意図や行動をまとめあげることが比較的容易なのです。

しかしながら、綾屋の場合には、知覚はあまりに多くの情報が並列して存在していて、対象のアフォーダンスを絞り込んで知覚することに困難があります。つまり、感覚情報が乱立して飽和を起こし、行動が「フリーズ」したり、「パニック」に陥ってしまったりするというのです。もちろん、健常者でも慣れない状況で、あまりにたくさんの情報に晒されれば、同じようになることでしょう。綾屋はそうした意図がまとまりあがらない状態を以下のように図に表しています。

一般の人の意図の形成は、「おなか

が減った」という身体の内部情報が、比較的そのまま直線的に行動につながっていきます。その途中の過程ではさまざまな情報はなくなってはいないのですが、意識の背景の側に落とし込まれ、注意が限定されたものに向かい、意思決定はスムーズに行われます。それに対して、綾屋の意図は、さまざまな選択肢が並列して拡散的に存在し続けており、まとまりがつかなくなっています。一般人も綾屋も「空腹感」を感じているのですが、一般人の場合は、その欲求が、「こうすればこうなる」や行為の可能性としてのアフォーダンス（「そば屋に行くと、そばが出てくる」というそば屋のアフォーダンス）に選択的に結びついて意図が形成されて、行為が実現されます。ですが、綾屋の場合には、環境が断片化されて知覚されるがゆえに、アフォーダンスがうまく検出できないか、あるいはアフォーダンスも並列的・拡散的に知覚されてしまい、「そば屋にそばを食べに行こう」といった意図の形成に時間がかかってしまうのです。それは、いわば、「そば屋に行きたいけど、行きたくない」といった矛盾したような両義的な態度にとどまってしまうということです。

私は、これは、コンピュータの意思決定の仕方にどこか似ているのではないかと思います。コンピュータは、情報を自分で選択するフレームを持っていないために、しらみつぶしに情報を精査します。したがって、あまりに多くの情報が環境にあふれていると、コンピュータは判断できなくなります。これを認知科学ではフレーム問題と呼びます。情報を目的に応じて絞り込み、選抜する枠組み（フレーム）がないゆえに生じる問題です。自閉症の人たちはこのフレームを形成しにくいのだと思われます。

自分が「食べたい」という意図を形成したときには、「食べたくない」という意図にまとめあげる可能性のあった身体内外の情報はなくなったわけではありません。それらの情報は、ゲシュタルト心理学で言う「地」となり、潜在的なものとして背景や遠景に退いているだけなのです。この「地」の情報は、ちょうど反転図形のように、別の機会には前面に出て「図」となることがあります。身体内外の情報は、ひとまとりになることで顕在的な意図として前景に立ち現れ、それ以外の情報が潜在的なものとして背景に引き下がるのです。意図の形成とは、したがって、何かが前に来て、他のものが後ろに下がるといった奥行きが分節化されるようなものなのです。

先ほど運動障害について論じた箇所で、意図がいわゆる「決意」や「決心」によってはじめられるものではないと述べました。「よしやろう」といった何かの決意が生じるためには、すでに、さまざまな身体内外の状態を、綾屋の言う「意図のまとめあげ」の地点までもたらさなければなりません。意図を持つとは、「食べたいけど食べたくない」といった両義的で決定不全の状態から、さらなる情報を取得したり、別の情報を遮断したりすることによって、ひとつの意図が前景に「図」としてせり出してくるようになることです。決意というものがあるとすれば、それは、突然に意図を無から生じさせることではなく、複数の意図が両立している葛藤状態に解決をもたらすことであり、両義的な状態を両立不可能な状態へと歩みを進めることなのです。

東田直樹は、自分が飲み物をあまり取らないことについてこう書いています。

喉が渇かないとか、飲むことにこだわりがあるわけでもありません。僕の場合は、食事以外で飲み物を飲むということに気づかないせいだと思います。信じられないかもしれませんが、自分で判断できないのです。飲んで良いか悪いかの判断ではなく、喉が渇いた時には水を飲むという判断です。…「喉が渇いた時には水分を取る」というパターンが、自分の脳にインプットされていないのだと思います。…喉が渇いても、誰かが「飲む？」と声をかけてくれたり、他の人が飲んでいる姿を見たりしなければ、冷蔵庫を開けた時にジュースがあるのがわかっても飲もうとしません。これを飲めば、喉の渇きが解消すると気づかないからです。★25

この場合は、飲み物が持つアフォーダンス、すなわち、渇きを癒すという因果効果が知覚できずに、行為にいたらないでいると解釈できるように思われます。この東田の場合には、環境中に選択すべき複数のアフォーダンスが乱立して、意図のまとめあげができないという綾屋と同じケースなのか、それとも、アフォーダンスの知覚そのものに問題があるのか、より詳しい比較をしてみたいところです。

綾屋の当事者研究（2）：自閉症スペクトラムの自己の現象学

自閉症では、自己知覚についても問題が生じます。綾屋によれば、あまりに多様な感覚情報に混乱させられてしまうという自閉症の知覚の特徴は、自分の運動のフィードバックをするときにも現れます。綾屋は、自分の声を出しても、うまくそれを拾うことができず、自分の音声の調整に苦労します。体育館でドリブルをすれば、床にボールが当たる音が体育館全体に反響するのですが、一般の人はその反響音を自然と無視しています。しかし綾屋はその反響音も拾ってしまうために、ボールの音が錯綜し、うまくドリブルできないといいます。

私の場合、発声運動もボールのドリブル運動も、ひとつの運動を繰り出したことに対して、バラバラで過剰なインプット情報が戻ってくる。ゆえに次の運動を繰り出すために参照するフィードバックとして、どの情報を採用してよいのかわからなくなる。そのため、いつまでも不確実性にさらされることになり、「こうすればこうなる」というような安定した自らの動きを作りあげることができない。結果的にそれは、自分という存在の輪郭をおぼろげなものにしてしまうため、私はいつまでたっても、自分を取り囲む「世界」に対しても「私自身」に対しても、信頼を持てずにいたと考えられる。★26

自分の運動や行動のアウトプットを自分で知覚すること、すなわち、フィードバックによって私たちは自己を制御します。このフィードバックがうまくいかなければ、安定した自己像を得ることができません。綾屋は、発話をうまく制御できなかったときには、自己の存在の確実性を実感することはできなかったといいます。東田も自分の手足の動きがぎごちないのは、「手足がどうなっているのかが、僕にはよく分かりません。僕にとっては、手も足もどこから付いているのか、どうやったら自分の思い通りに動くのか、まるで人魚の足のように実感の無いものなのです」と書いています。★27

ですが、綾屋の場合には、パソコンを使い始めると状況は変わったといいます。キーボードは視覚的で、かつ限定的なフィードバックを返してくれるので、綾屋も無理なく運動調整を行うことができます。彼女は、すぐにパソコンをブラインドでうまく打てるようになります。運動と感覚のフィードバックの循環が成立し、自己の行為を自己で制御できるようになると、自分の行為がまさしく「自分の行為である」として自己帰属の感じを得ることができます。これによって、綾屋は、自分が自分であるという自己感が確かになったと言います。

哲学や心理学では、自己感は行為者性（エイジェンシー）感覚によって与えられると言われてきました。行為者性とは、自分の身体的な運動を自分のものとして自己帰属できることです。言い方を変えれば、いま、この指を動かしたのは自分の意図（意思、自発性）で動かしたのだと感じられるという感覚です。この自己感は、フィードバックを通じて自分の行為を制御できたときに生じると言われています。

自閉症の本質と当事者研究

これまで当事者である綾屋による自閉症の現象学的記述を見てきました。それでは、以上の記述を踏まえると、自閉症の特徴はどのように規定できるでしょうか。綾屋の主張では、自閉症の特徴のひとつは、「まとめあげ」に問題があると言います。すなわち、時間や空間的にまとまりを持った知覚をすること、事物や人物を統合的に知覚すること、社会的場面や人間関係においてもやはり統合的に把握すること、これらの認知に問題が生じているのです。綾屋によれば、自閉症当事者たちが、言語の運用や他者との交流に困難が存在しているとしても、そうした問題はより根源的な中核的な障害から派生している可能性があります。

自閉症の問題は、シングルフォーカスの問題だと言われることもあります。シングルフォーカスとは、ひとつの対象、あるいは、対象のある特定の側面や細部に注意が集中し過ぎてしまい、全体の文脈を捉え損ねてしまうことです。いわゆる「木を見て森を見ない」という状態です。この知覚様式には、他の人ではなかなか気づかない細部の情報やパターンに鋭く気がつくという優位な特徴を持っています。ですが、問題としては、同時に二つ以上の事柄を意識内に捉えることが難しく、特定の限局した部分に意識が集中してしまう点です。しかしながら、綾屋が自分個人の特徴として指摘しているは、シングルフォーカスという状態ではなく、むしろ部分を「たくさん」意識してしまうことによる混乱だといいます。つまり、「一本の木を見て森を見ない」ではなく、「たくさんの木々を見て森全体を把握できない」というのです。この特徴づけは微妙ですが、重大な違いを含んでいます。「シングルフォーカス」として特徴づけられてきた自閉症者の認知状態とは、本当のところ何なのかを今一度、検討し直す必要があるでしょう。

他のものへの注意の切り替えや制御が困難になってしまうと、こだわり行動や常同行動が生まれてきます。またその逆に、注意の切り替えがスムーズにいかず、注意が脈絡なく移行してしまったりすることもあり、これが他者から見ていると理解しにくい行動に見えるのです。自閉症の当事者にスナップショット的な記憶が保持される傾向が強いということも、この知覚の細分化や断片化の帰結と考えることができるでしょう。

自閉症者では、外的環境に対する感覚知覚がまとまらないだけではなく、身体の動き、姿勢、バランス、左右の調整など前庭感覚の過敏や鈍磨、さらに、体内的な固有感覚が不安定です。こうした体内感覚や自己感覚の不安定から運動制御の困難も生じます。自閉症の児童はときどきボールなどをキャッチするのが不得手なときがありますが、これは先ほどの東田の引用で言及したような身体制御の問題も関わっていると思われます。自閉症児は身体を揺り動かすノッキング動作を行うことがしばしばあります。これは当事者の報告によれば、微妙な身体の揺さぶりや前後動によって気持ちがよくなり、気分が落ち着くといった効果を持っていると言います。

綾屋は、こうした困難を、「まとめあげ」の問題と名付けていますが、ゲシュタルト心理学的な用語法では、ゲシュタルト形成の困難と呼ぶことができるでしょう。また、生態学的心理学的な用語を用いるならば、不変項の抽出困難ということができるでしょう。ジェームズ・ギブソンは、知覚とは、環境を探索しながら変化項と不変項を選り分け、対象の不変的な特徴を抽出する過程であると言いました。自閉症では、動的事象を知覚することが困難であり、同時に、今述べたようにスナップショット的な知覚が優位であることが多いことは知られています。これは、変化の凍結された静止イメージの知覚に優れる反面、変化のパターンとしての不変項の知覚に困難を抱えていると解釈できます。[☆3]

☆3：この内容を、先ほどの第20回日本発達心理学会での自主シンポジウム（「認知科学への生態学的アプローチから発達障害自閉症の知覚情報処理認知システムを問い直す――環境との相補性欠如　増え続ける触れないこどもたち――」）で発表しました。

認知科学者であり哲学者のシャンカー[★28]は、自閉症の中核障害は、他者との関係そのものの問題ではなく、それを成立させるために必要とされる認知的基盤の問題であると指摘しています。「自閉症の子どもがそれほどしばしば社会関係の問題を示す理由は、感覚の過剰・過小反応性が彼らの共制御的な相互作用の経験に加わる能力を阻害しているからだ」(p. 685)。シャンカーは、感覚の過剰・過小という表現を用いていますが、指摘していることは綾屋の当事者視点の報告と符合しています。

さて、この自閉症における知覚的な問題は、人間の認知や対人関係にも影響してきます。たとえば、森口奈緒美は、電車の中で自分がどのように人間と接しているかを、以下のように生き生きと描き出しています。

電車に乗ると、［中略］夏場は身体それ自体から、そして冬場は黴びた衣服の臭いが嗅覚を襲う。たまに香水をふんだんに使っている乗客がいると、それはそれで良くも悪くも私の意識に影響した。その他、いろいろな雑菌やウィルスの臭いもしたので、私はよけいに、人間が嫌いになった。乗客を人ではなく物体だと思うと、気持ちはいくらか楽になったが、しかし中には、みずから動いてくる〈物体〉があって、私の髪の毛や顔や眼鏡を勝手に動かすので、そのたびに私は手を払ったりして、その報いを受けることもあった。ほとんどの乗客はジェントルだったが、ときにわざと足をぐいぐいと絡ませて直立を邪魔する人や、吊り革を横取りする人もいた。そうなると平衡感覚が保てなくなり、私は「他の乗客の迷惑」になった。★29

過敏な感覚がさまざまな苦痛をもたらし、人間に関しても、あえて共感はせずに、物体として部分的に捉えることで、それらからの刺激に何とか耐えているような状態です。綾屋は、対人関係に関しても興味深い指摘をしています。

私は「その人自身」になってしまったら困るので、できるだけ他者の情報から自分を遮断したいと思う。人と会ったり、テレビや映画を見たりすると、その人の表情や動作がどんどん写真記憶としてたまっていってしまい、私の行動を乗っ取ろうとするからである。★30

そうであるならば、自閉症とは、他者から「自閉」しているのではないと言えます。他者の知覚は、健常者においても、潜在的な模倣や運動触発を引き起こします。このことは、古くは発達心理学者のアンリ・ワロンによる模倣行動の説明、近年では、ミラーニューロン説によって指摘されています。綾屋によれば、一部の自閉症者は、この運動触発的・模倣触発的な知覚（情報）の絞り込みも十分ではありません。他者のさまざまな表情や振る舞いを絞り込んで捉えることができず、自分の中に運動触発性を湛えたまま蓄積されることになります。この他者による「乗っ取り」を避けるために、綾屋は対人関係を制限しようとするのです。

バロン＝コーエン★31は、自閉症者が他者の行動をうまく理解できていないことを示すのに、ひとつの質問の例をあげていました。たとえば、「ジョンは寝室に入ってうろうろ動き回り、そして出てきた。なぜ、彼はこのように振る舞ったのか」。このような質問に対して、健常者は、「探し物をしていたのではないか」「怪しいもの音を聞いたので、音源を調べにきたのではないか」「部屋に入ったとたんに自分で何を取りに来たか忘れたので、もとの部屋に戻って思い出そうとしたのではないか」などなど、その当人の心的状態に言及した解釈を行うでしょう。

これに対して、自閉症者は、「ジョンはただ寝室に入って出ていただけ」と回答することがあります。この回答をもって、かつてのバロン＝コーエンは、「他者の心を読めない」と解釈しました。しかし、自閉症に問題があるのは、他者の内面を洞察する能力でしょうか。そうではなく、次のように解釈できないでしょうか。すなわち、自閉症者は、「寝室に入って出ていく」という顕在的に見えている行動のひとつの局面を、自分に見えていないそれ以外の局面と結びつけ、全体的に捉えようとする態度が難しいのです。他者の内的な心の理解ができないという問題である以前に、現在の局面をもっと長くて広い文脈に位置づける能力、顕在的刺激を潜在的刺激と結びつける能力に何かの問題があると解釈できないでしょうか。

自閉症者の「ただ寝室に入って出ていった」という回答と、「探し物をしていたのではないか」という回答との差は、心の理論の欠如というよりは、全体と部分の知覚の問題、ゲシュタルト知覚の問題、中心的統合の問題だと理解できます。綾屋が指摘したように、自閉症の一部の人たちは、知覚における顕在的部分を潜在的全体性の中で捉えられずに、知覚が断片化しています。とすれば、同じように、他者についても、現在の他者の顕在的な振る舞いを、その他者の全体性と結びつけられずにいるのかもしれません。そのことが、他者の心を理解できないとか、対人関係や社会性に問題があると解釈されてしまうのです。簡単に言えば、自閉症の問題は、他者の全体性、あるいは、全体性としての他者がうまく把握できないことにあると解釈可能です。

自閉症者は、人の手を物のように引っ張って何かを要求する「クレーン現象」という行動をとることがあります。これは、人間をひとつの人格としてではなく物として扱っているからだと解釈されてきました。しかしじつはそうではなく、当事者は、他者を無視しているのではなく、手の部分だけしか他者の手がかりにならない状態にあるのです。東田直樹は、自分のクレーン現象をこう説明しています。

自閉症児の中には、自分の欲しい物を人の手を使って取るクレーン現象という行為をする子がいます。僕も小さい頃は人の手をつかんで、その人に物を取ってもらっていました。なぜそんなことをしたのかというと、どうやれば取れるのかわからなかったためです。手を伸ばせば物が取れるのに、どうして人の手を使うのだろうと思われるでしょう。……物を取るというのは「手が物をつかむ」ことです。そのシーンを再現するためには、人の手でなければならなかったのです。……自分でやればいいと思われるかもしれませんが、僕が知っている「人が物を取る動作」を目の前で見なければ、手には入らないような気がしていたのです。それが、自分で取る動作と同じだと言われても、物を取る時の手の角度も、物が運ばれる方向も違うので最初はとまどいました。……けれども、自分でつかむことを何度も練習するうちに、だんだんできるようになったのだと思います。★32

東田は、ある種の認知―運動における困難を、他者の身体部位の動きを直接に感じ取ることで克服しようとしたのです。私はここに、STAがなぜ自閉症児の運動性能の向上に役に立ったのかを説明する理由のひとつがあるように感じています。いずれにせよ、こうした当事者の説明なしには、クレーン現象は不合理な振る舞いと見なされかねないものです。

自閉症者は人間の顔の表情を理解する能力に問題があるとか、他者を模倣する能力に劣っていると指摘されてきましたが、それについても、その現象の表層から「対人関係が苦手なのだ」と判断するのは早計です。グランディンは面白い指摘をしています。

自閉症スペクトラム障碍の子どもは、顔の表情をビデオでゆっくり見せたら、同じ年齢のふつうの子どもと同じくらいよく理解することがあきらかになった。「変化が速すぎる世界」の論文の執筆者は、目で見たり、耳で聞いたりする合図をゆっくり提示するソフトを開発した。自閉症スペクトラム障碍の被験者は、ゆっくりした身振りを見たり、音を聞けたりしたときに、身振りや音をまねしはじめた。…同様に、話す速度を遅くすると、自閉症スペクトラム障碍の被験者は意味を理解することが多くなった。★33

自閉症スペクトラムの人たちは、非常に強烈で敏感な知覚世界に住んでいます。他者を理解しないような行動、人とうまくつき合えなかったり引きこもったりする行動は、実際には、共感の欠落や、相手の立場を理解する能力の不足、情動性の欠落、反社会性といったものの結果として生じるのではなく、「その正反対で、まわりの世界を、苦痛や嫌悪感を感じるほどではないとしても、強烈に感知してしまう結果として生じるのかもしれない」とグランディンは主張しています。★34 これは綾屋の主張とも、後から述べる東田の経験とも合致しています。

当事者の声

以上が綾屋に代表される当事者による、自閉症者の経験している知覚世界、対人関係の世界の記述です。綾屋の自閉症の定義は、本人も言うように、イギリスの自閉症研究の第一人者、ウタ・フリスの「セントラル・コヒーレンス」理論に近いと言えます[★35]。綾屋の観点から見れば、マインド・ブラインドネス仮説は明らかに二次的な特徴にすぎない社会性とコミュニケーションの問題を自閉症の本質として取り違えた考え方です。バロン＝コーエンの共感化―システム化仮説についても、システム化仮説は、自閉症者が、なぜシステム化を強く欲するのか、その理由が分かりません。綾屋からすれば、自閉症者がシステム化を好むのは、感覚知覚的な混乱を何とか統御しようとするからだということになります。また共感化―システム化仮説は、共感化とシステム化の間の関係について述べていないのは、先ほど触れたとおりです。

しかし、綾屋の理論と、バロン＝コーエンのシステム化仮説のどちらがより説得的であるかについては、本書で結論は出さないでおきましょう。両方の理論は近づいてきているということもできるでしょう。ただし、私が以下で指摘したいのは、研究者が社会性やコミュニケーションの障害という枠組みにとらわれている一方で、当事者からは他の種類の困難や問題が報告されてきたという事実です。

自閉症研究は、当事者からの報告によって著しく進展しました。一九九〇年代以降、ドナ・ウィリアムズや、すでに何度も引用しているテンプル・グランディン[★36]といった人をはじめとして、一般の自閉症スペクトラムの当事者による成育歴や心身状態の報告が、さまざまな国のさまざまな年齢の人たちからなされるようになったのです[★37]。脳性まひの当事者報告は、ここまでたくさん、あるいは多様にはなされていないように思います。おそらく、脳性まひの運動の問題は、健常者でも想像可能、あるいは、ある程度まで体験可能な範囲にあると考えられているからかもしれません（本当にそうかどうかは分かりません）。他方、自閉症は、いわば当事者の経験がそれ以外の人に理解しにくい「謎の」障害なのかもしれません。それゆえに、当事者も報告する必要性を感じるのですし、研究者や教育者、介護者や保護者たちもそうした情報を欲しがるのです。

日本でも、海外の報告に一〇年ほど遅れて、数多くの自閉症の当事者、あるいは家族による優れた報告が次々になされるようになりました。それらの報告では、自分の症状や日常生活の困難や問題が語られているだけではありません。どのようにしたら、自分たちに生じた困難や問題を回避できるのか、あるいは、どのように対処して日常生活を送ればよいのかについて、当事者のみならず、支援する側にとっても大変に有益な示唆やアドバイスが含まれています。これらは、医師や教育者からは決して生まれないであろう考えや経験に基づいた当事者自身による障害の研究となっています[38]。

これらの報告を読んでみると、当事者報告が第一に訴えている困難と、周囲の人々、とくに医療従事者や研究者、教師が見いだす問題との間にギャップが存在しています。繰り返しになりますが、当事者の多くは、自分にとっての困難として、他者との交流の問題以前に、感覚知覚過敏や運動制御の問題を訴えていることです。

感覚・知覚上の問題は、ウィリアムズやグランディンの著作においても中心的に報告されています[39]。すでに一〇年ほど前になりますが、テレビでウィリアムズを取材したドキュメンタリーが放映されました。そこでウィリアムズが訴えていたのも、雨だれのような規則的な運動、水面に反射する光の揺らぎ、イヌなどの動物の動きへの強い関心と愛着です。同時に、スーパーマーケットに入ったときに感じる情報の洪水に対する苦痛です。多様で人工的な色調のパッケージの商品がいたるところに陳列され、購買を促すＢＧＭや店内放送、レジスターの音など人工的な音の満ちあふれており、照明も強すぎて、多様な光線を使いすぎています。こうした人間の興奮を促す環境からは、ウィリアムズは非常に強いストレスを受けてしまうのです。

取材中、彼女はときどき撮影スタッフが接近するのを拒否しました。ですが、それはスタッフが人間的に信用できないからではなく、端的に自分の生活のリズムが壊されること、カメラの動きが気になること、スタッフの行動が忙しく予測できないといった感覚や知覚、認知に困難を来すからだったのです。ウィリアムズは、自分の知覚世界が「健常者」の世界と違う独自のものであると言い、それを「私の世界」と呼んでいました。そして、自分たちと健常者とのコミュニケーションの齟齬《そご》は、この知覚世界の相違が原因だと言うのです。ウィリアムズは、やや軽度の自閉症当事者である夫とペットであるイヌと一緒にいるときが最も気が休まると述べていました。たしかに、撮影スタッフと関係をとることが難しい局面も存在していましたが、これは「社会性の障害」とか「コミュニケーションの障害」とかいう言葉で、大括りにして扱ってよい問題だとは思えません。

こうした感覚知覚の問題を訴える点は、ウィリアムズのみならず、多くの自閉症の当事者手記を書いた人たちに共通しています。テンプル・グランディンとキャサリン・ジョンソンの著作『動物感覚：アニマル・マインドを読み解く』[★40]は、グランディンがいかに繊細に動物たちの感覚知覚を理解できるのかが、詳細に記録されています。あるいは日本のニキリンコは、「雨やシャワーが痛い」といった触覚の過敏、「プール消毒が怖く、都会はどこでも食べ物の臭いがする」といった嗅覚過敏を、著作の中で訴えています。そして、何かひとつの刺激に強く焦点化してしまい、他の感覚が抜け落ちてしまうという、いわゆる「シングルフォーカス」の傾向を報告しています。興味深いのは、ニキは、自閉症が、感覚知覚異常という意味で「身体障害」であると主張することです[★41]。先ほどの、電車の中での森口の経験も、アナウンス、低周波、車輪の雑音、不規則な過減速、予測不能な動きをする人間の群れ、電車特有の臭い、体臭、衣服の臭い、香水といったさまざまな感性的多様に、振り回されんばかりに強く影響を受けていることが分かります。こうしたことは、性格や思考、行動傾向などの心理的な問題であるよりは、感覚知覚という身体的な問題だというのです。

高橋・増渕は、感覚処理障害の問題は当事者にとって、きわめて重大であることを指摘しています。「アスペルガー症候群等の当人は通常とは異なる「身体感覚」を持っており、これまで周囲から「わがまま」「自分勝手」などと誤解されていたことが、実はアスペルガー症候群等の特有の過敏・鈍磨にも大きく起因しているのではないかと推定される[★42]」。

本論ではこれまで「心の理論説」の問題を指摘し、自閉症においては感覚知覚の問題、あるいは認知の問題がより本質的であると述べてきました。しかし、ここで自閉症の本質とは何かについて性急に結論を出そうとするものではありません。それでも、ひとつ指摘したいことは、「自閉」症という診断名が適切かという問題です。「自閉症」という言葉は、文字通りに取れば、「自らに籠もっている」ということを意味しています。カナーの定義がいまだに生きていると言えます。ですが、その「自閉」とは、むしろ他の人から見て近づきにくいという意味ではないでしょうか。「自閉」症という呼び名は、ある身体上の困難を抱える人たちを、健常者が一方的に自分たちの基準で接しようとするときに生じてくる呼び名であるようにさえ思えてきます。もちろん、当人たちも問題を抱えており、「困り感」と「生きにくさ感」を感じています。感覚の過敏や運動制御の難しさ、そこから生じる対人関係の難しさです。ですが、これまでの教育や医療は、どこまでこうした当事者の経験や視点に寄り添ってきたでしょうか。グランディンは、自分の著作の中で、自閉と呼ばれる子どもたちの強烈な感覚経験を取り上げてこう結論します。

こうした自己報告は、言葉を話さない自閉症の人の中には、見かけ以上にまわりの世界とよくかかわっている人がいるかもしれないと、私が昔から唱えていた仮説を裏づける。とてつもなく混乱している感覚の中で生きているため、自分たちとまわりの世界のかかわりを表現することなど、とてもできないだけなのだ。ティトとカーリーの自己報告は、本人が自分自身の行動を、親や介助者、研究者に負けないくらいじっくり観察していることも物語っている。傍観者と異なり、本人の行動がほんとうはどういう意味をもっているのか、教えてくれる。つまり、観察者が目にする光景と、本人が味わっている体験のちがい――行動する自分と考える自分のちがい――は、感覚処理問題がどんなふうに見えるのかと、どんなふうに感じられるのかの相違なのだ。★43

第三者からは奇妙で風変わりな、知性を感じさせないような行動であっても、当事者の経験の観点に立てば、必然性と理由がある行動です。こうした当人の経験を掬い取るのが現象学的記述の役目です。それを他の当事者との間で共有し、互いの経験や行動の特徴を比較して位置づけ、自分に生じていることを相対化するのが当事者研究です。当事者からの発言は、従来の自閉症理論に大きな変更を迫る内容を含んでいます。自閉症スペクトラムの中核的特徴を明らかにするには、当事者の研究参加が不可欠に思われます。当事者に語らせることのない研究は、すでに有効性を失っているのではないでしょうか。

東田直樹の自己表現

先に述べたように、東田直樹は、一九九二年生まれの自閉症スペクトラムの当事者であり、会話ができない、一見すると典型的に重度の自閉症の振る舞いを示します。

幼稚園のときは「会話はあいかわらずできない。人と交われない。ときどきパニックにおちって奇声を発したり、急に立ち上がって駆けまわったりする行為が続いていた」と言います★44。しかしながら、この頃から行い始めた筆談や文字盤を使ったコミュニケーションでは、「まわりでおこっていることは、僕にはよく分かっています。世の中の事件も、ドラマも漫画も。学校や家で、みんなが何をしているのか、言っているのか。普通の人たちと同じように、僕には分かっています」という文章を書くなどして、母親は、自分の子どもが知的な部分で遅れているわけではないことを理解したのです。小学校五年生までは授業中も母に付き添われて、普通学級に在籍しましたが、小学校六年生から中学三年生までは、養護学校で学ぶことになります。二〇一一年三月にはアットマーク国際高等学校（通信制）を卒業しています。

こうして、小学校一年生頃から作文をたくさん書き始めた彼は、第四回、第五回「グリム童話賞」中学生以下の部大賞を連続で受賞するなど数多くの賞を受賞しました。その後、自閉症に関する経験を説明した本や、詩集、絵本、エッセイなどを数多く出版しています。NHK福祉ネットワークをはじめ、多数のTV番組でその活動が紹介され、二〇一〇年秋、アメリカで公開された自閉症アメリカドキュメンタリー映画「Wretches & Jabberers」に出演しています。（この映画のトレイラーは公式サイトで見ることができます。）

『自閉症の僕が跳びはねる理由』は英語に翻訳されて、イギリス、アメリカ、カナダなどで順次出版されました。韓国、台湾、香港でも翻訳され、現在、二二か国での出版が決まっているそうです。

彼の筆記方法は独特で、幼い頃は、原稿用紙を前にして、アルファベットの文字盤を置き、その文字盤で一文字ずつ単語を読み上げながら原稿用紙に書き写していくことをしていたそうです。その後に、パソコンを使って、キーボードを打って文章を書いています。かつては、母親に体の一部を触れてもらっていたり、腕を支えてもらっていたりしたので、本人が書いたかものかどうかを疑問視されたこともありましたが、現在では、何の援助もなく、まったく自力で書いています。パソコンおよび文字盤ポインティングにより、援助なしでのコミュニケーションが可能なのです。

本書でもすでに彼の著作に繰り返し言及していますが、彼の自分の特徴的な振る舞いに関する説明は、他者からはなかなか気づけないことです。たとえば、自閉症者はエコラリアという、耳にした言葉をそのまま口に出す、いわゆる「オウム返し」をすることがしばしばあります。エコラリアには、意味が分からずにその場で音を繰り返す場合と、ある程度遅延してから言葉を繰り返す場合があり、後者の遅延エコラリアは発達障害の特徴とされてきました。それを東田はこのように説明します。

そこで気づいたのですが、僕のオウム返しは聞こえてきた言葉と同じ言乗を、ただ繰り返し言っているわけではありません。僕は質問に答えようとした瞬間、自分の話したかった言葉を忘れてしまいます。そして何とかしなければと、以前経験した同じような場面を思い出そうとするのです。少しでも早く記憶を再現するために、相手の言った言葉を自分でも繰り返すのです。帰りに「直樹君、さようなら」というおじさんの言葉が聞こえてきて、僕はとっさに「バイバイ」と返事をしました。この状況でのバイバイは幼すぎますが、人と別れる時に自分が使える、数少ない言葉のひとつです。僕にとっては、小さい頃から使い慣れている言葉なのです。★45

自分が反応を起こそうとしても文脈性が抜け落ちてしまい、それを自分で発生させようとしています。発話という振る舞いが何ともままならない、もどかしい様子が伝わってきます。行動の制御がままならないことは、知覚の問題でもあります。自閉症の子どもは、自分のほうに手の平を向けて（相手には手の甲を向けて）バイバイと手を振ることはよく観察されます。それについても東田は次のように説明してくれます。

人と並んで「バイバイ」をしている自分の姿を初めて鏡で見た時、とてもびっくりしました。横にいる人と比べてみると、僕の手のひらだけが逆に映っていたからです。これまで僕は目の前にいる人の手しか見ていなかったのでしょう。そのために、相手の手と自分の手を重ねて見ていたことに気づきました。そこでようやく、手のひらは相手に向けて振るものだと知ったのです。行動のコントロールが難しい僕が、人に何かをしてあげるのは到底無理なことだったので、相手のために「バイバイ」することが想像できなかったのかもしれません。★46

東田によれば、自分のほうを向けてバイバイできなかったのは、自分とバイバイする相手との関係を見る第三の視点がなかったことによることになります。従来の説明では、自閉症者が自分に手のひらを向けてしまうのは、バイバイする相手の立場に立てないからだとなっていました。しかしここで生じてくる疑問は、「相手の立場に立つ」ことができるには、第三の視点が必要なのではないかということです。よって、健常とされる人が相手に手の平を向けてバイバイできるのは、相手の視点に立って自分を見ることができるからではなく、自分と相手とを同時に相対化できる第三の人物、いわば三人称の人物を認識できているからではないかという仮説を立てることができます。つまり、健常者たちは、自分の行動をいつも三角測量のように把握していて、自分と対象だけの関係では自分を相対化・客観化することは難しいのではないか。自閉症者にこの「三角測量」が難しいのは、やはりシングルフォーカスの知覚特徴が関係しているのではないか。相手を見る視点を、第三の視点から相対化できないからではないか。こうした仮説を思いつくのではないでしょうか。もちろん、今述べたことは、ここでの思いつきに過ぎず、正しいかどうかは検証を必要とします。しかし指摘しておきたいことは、当事者の自己観察は、非当事者ではなかなか気づかない視点や説明をもたらしてくれることです。ここにおいても、当事者研究の重要性を指摘できると思います。

しかしながら、これほどまで興味深い人物であり、事例であるにもかかわらず、東田を対象にした研究論文はあまり見当たりません。これはなぜでしょうか。

ひとつには、彼の重度の自閉症的な振る舞いと、彼が書く知的であり、繊細な感性に満ちた高度な内容との間のギャップにいまだに戸惑っている人がいるからではないでしょうか。東田の著作の解説では、東田が天才であるとか、「自閉症の人が想像力豊かなのは、きわめて珍しい」といったように評価されています。もちろん、東田の優れた才能を認めることに私も異存はありませんが、そうした評価にはどこかで彼を特別視しよう、例外視しようとする意図を感じるのは穿ちすぎた見方でしょうか。脳性まひの表出援助の場合でも、予想されているよりもはるかに知的能力が高かったり、豊かな感情を持っていたり、運動ができたりします。自閉症者のリチャード・アトフィールドは、彼にとってはあまりに簡単すぎる授業内容を毎回毎回繰り返され、絶望の淵に追いやられたと述懐していますが、そうした経験はめずらしくないのではないでしょうか。もしそうした事例が多いのだとすれば、私たち大人は、教育者、医療関係者、福祉関係者は、自分たちの思い込みで、高度な潜在能力を持つ子どもたちの成長を台無しにしてきたかもしれないのです。これは想像するだに、恐ろしいことです。

しかしこれまで東田の例で見てきたように、従来の判断では重度・重複障害児と言われる子どもや重度の自閉症と言われている子どもたちの中にも、一般的なアセスメントによって予測される以上に高い能力を持っている場合があります。先に取り上げた稲原美苗は、博士論文を書き、大学の研究職に就いている高度な知的専門家であるにもかかわらず、一般の人から、身体運動の見かけから判断されて、知的能力について疑いの眼で見られることがしばしばあると述べています。また、通常の想定されているような発達の経路にはそぐわない形で、書字や描画での表現が可能になったと推定される子どもがかなりの割合で存在すると推測されます。このような子どもの多くは保護者、教師等周囲の者が気づかない状況下において、密かに何らかの形で自分独自に能力を培ってきた可能性があります。私たちは、従来の評価や予測に従って、子どもの達成しているものを軽視するのではなく、子どもの行ったことに合わせて、従来の発達観や評価基準を見直すべきだろうと思います。

また、東田の事例が特別とされるのは、彼を成長させた方法が「ファシリテーティド・コミュニケーション（Facilitated Communication：ＦＣ）」と呼ばれる方法だったからかもしれません。ＦＣとは、話せないか話し言葉に重度の制約があり、しかもタイプライターのキーを指し示すことができない者に対して、手や手首、腕などを支えてやることでポインティングを支援し、その結果コミュニケーション等を可能にさせるという援助方法です。この方法は、オーストラリアのローズマリー・クロスリーによって一九八八年の国際会議で発表され、その翌年には、クロスリーから直接ＦＣを修得したニューヨーク州立大学のダグラス・ビクレンがアメリカに紹介して、強く注目を浴びることになりました。クロスリーの方法は、脳性まひと重度精神遅滞を併せ持った子どもの腕の伸縮が硬直しないように援助を与えることでした（滝坂は、このクロスリーのもともとの方法論のほうが、ＳＴＡに近いのではないかと述べています）。クロスリーは、自閉症の人は認知能力に問題があるのではなく、表現の過程に困難があると考えました。同じ様にビクレンも、コミュニケーション障害は発達性失行症（Developmental Dyspraxia）と関連があると主張したのです。

ＦＣの具体的な方法では、子どもが人差し指でキーボードの文字キーを打つようにするため、最初は援助者が子どもの手の上に自分の手を重ねたり、腕を支えたり、文字を打つたびに手を後方へ引いたりします。そして、うまく打てるようになれば、援助の力を緩めたり、直接的な援助を少なくしていったりすることで、最終的には援助者が子どもの手や肩などに手をのせるだけで、あるいは、まったく援助しなくても正しくキーボードを操作して文章を書けるようにするというものです。東田もドキュメンタリー映画「Wretches & Jabberers」に出演しているアメリカ人たちも、この方法により自力で表現できるようになった人たちです。ビクレンが作成した『Every steps of the way: Toward independent communication』(1994) では、援助者は肩に触っているだけだったり、ただ見守っているだけだったりして、ほとんど自力でタイプする自閉症者の姿が映っていると言います。★47 筆者もそうした東田のような例をいく人も見てきました。

しかし、性急に子どもの成長を求める人々が、子どもをリードする形で筆談支援を行ってしまうことも多く、ＦＣには真贋論争がつねにつきまとってきました。★48 単純に言えば、表現したのは誰かというオーサーシップの問題です。本当に本人が書いたのか、援助者が手伝ったのではないか、いや、むしろ援助者が子どもの手を使って二人羽織のように自分で書いてしまっているのではないかという問題です。アメリカでは九〇年代に激しい論争が起こり、訴訟まで起きました。日本でも、二〇〇二年に、ドーマン法やＦＣを偽り技法として批判する「奇跡の詩人」騒動が起きました。☆5

☆5：ドーマン法とＦＣを取り上げたＮＨＫスペシャル「奇跡の詩人：11歳脳障害児のメッセージ」と題された、２００２年４月28日に放映されたドキュメンタリーについて、さまざまな立場から異議や疑義が唱えられた騒動。滝本太郎・石井謙一郎異議あり！「奇跡の詩人」 同時代社 2002 グレン・ドーマンの開発したドーマン法それ自身は、ＦＣとは理論としても目的としてもまったく出自が異なります（グレン・ドーマン／人間能力開発研究所（訳） 子どもの知能は限りなく―赤ちゃんからの知性触発法 サイマル出版会 1988：グレン・ドーマン／人間能力開発研究所（監修） 前野律（訳） 親こそ最良の医師―あなたの脳障害児になにをしたらよいか ドーマン研究所 2000）。ですが、ドーマン法の実践者がＦＣと似た実践を行ったのです。

アメリカでの議論を取り上げれば、たとえば、批判派であるウィーラーたちは、援助者に見えないように当人に提示された写真の名称をタイプするテストにおいて正答が得られず、援助者と当人に異なった刺激を与えると、当人には見えないはずの回答をしてしまうということを示しました。つまり、援助者が意識的・無意識的に当人の運動をコントロールしているというのです[★49]。神野のレビューでは、ウィーラーたちと同じブラインド・テストをした場合にはすべてウィーラーたちと同様の結果が得られました[★50]。

しかしながら、ＦＣがすべてまったくのまやかしかというとそうとも言えません。東田をはじめとして、ＦＣをよりどころとしながら書くことを学び、最終的に完全に自立的に誰にも触れられずに書けるようになる人もいます。ブラインド・テストの状況が課されていない他の実験では、援助者が知らない情報をタイプできる人もいます[★51]。ブラインド・テストは人工的な実験状況に研究協力者を置くために、ＦＣの関係が崩れてしまうのかもしれません。

最終的に、ＦＣによって表現されたものの著者は誰なのかという議論に決着をつけるのは難しいでしょう。個々のケースで随分事情は異なりますし、ＦＣにおいて援助者から誘導が一切ないと主張することも難しいと思われます。ＦＣの擁護派と批判派に分かれて膠着している状況は現在でも変わっていません。★52 それではFCを擁護するには、東田のようなどこから見ても、健常者と同じように自力で表現できている「明らかな成功例」を並べ立てればよいのでしょうか。★53 もちろん、表現の援助の最終目標がひとりで何かを表現できることにあるのならば、そのような成功例を集め、そこに到達するようにスキルを分析し、その応用と開発に専念すべきでしょう。その実証的な証拠を得るためには、脳活動の非侵襲的なスキャニングこそが有効だという研究者もいるでしょう。

しかし真に問うべきは、私たちは何のためにコミュニケーションするのか、というさらに根源的な問題にあります。★54 これまでの論争は、批判する側も擁護する側ももっぱら表現の「能力」について検証しようという姿勢がありました。どちらも、その人が表現する能力を持っているかどうかを論じているのです。ですが、これまで述べてきたように、コミュニケーションとは双方向的なものであり、規約的コミュニケーションが生じる前に、私たちは創発的なコミュニケーションを行っています。こうした観点から見れば、表現を援助するという過程はどのように理解すればよいのでしょうか。再び熊谷の議論を取り上げてみましょう。

熊谷は、自己決定論について興味深い考察を行っています。★55 身の回りのことを自分ひとりだけではこなせない重度の障害者にとって、介助者はなくてはならない存在です。しかし他方で、自己決定という理念が重視され、自己決定するのは障害者であり、介助者はその決定に忠実に従うべきだという考え方が、現在、普及しています。そうすると、この考え方にたった介助者は、シャワーを浴びるときでも当事者の自己決定を大切にして、どこから洗うか、どのように洗うかと細かく聞いてくることがあると言います。熊谷にとっては、その介助の仕方は、細かすぎ、しつこすぎるほど自己決定を尋ねてくるやり方です。自分ひとりで風呂に入る者は、こんなに細かく自己決定などせずに、自分の習慣や偶然に成り行きを任せているはずです。熊谷は、自分がシャワーにいつ入るかは自分で決定したいので、いつ入るかといった、比較的に長期で大まかな決定は自分でしたい。介助者にはそれらを決めてほしくない。しかし、体のどこからどう洗うかなどはどうでもいいことで、介助者に「よきに計らって」ほしいと言います。

介助者は、障害者の手足のようになるべきだという考え方があります。その場合には、あまりに細かすぎることを尋ねてくる介助者は、よき手足とは言えません。自己決定に、粗く全体的な上層から細かく部分的な下層までの何段階かあるとすれば、当事者にとって適度な層において自己決定を促し、それ以下の細かな下層においては介助者に任せられる必要があります。「行為の階層構造の中で、あるライン以下では自己決定を放棄したいという、手動と自動、自己決定と手足を分ける境界線が存在しているのだ。そして、この境界線の位置は人によって異なるというところも非常に重要になってくる」、こう熊谷はこう言います。★56

そして熊谷は重大な指摘をします。彼の知り合いには筋萎縮性側索硬化症（ＡＬＳ）の患者がいて、その人は声を出すことができず、普段は眼で文字盤の文字を選び、介助者がそれを読み取って会話をします。しかし、重要な会議で発言しなければならないときには、そうした手順を踏んでいたのではまどろっこしいのです。その場合には、本人は介助者に、「いまだ、何か言え」とだけ指示を出すのです。介助者は、発言の内容を任されて、この場面でこの人ならこう言いそうだなという発言をするのです。ここで、当事者本人の自己決定は、「会議に出る」ということと、「ここで何かを発言する」という非常にアッパーなレベルでなされています。具体的に何をどのように発言するかは介助者に任せられています。この関係は、行為の階層からするとかなり上のあたりに境界線が引かれていて、その下の層にある具体的な内容の決定はすべて介助者に任されています。（大きな会社の社長や国家の政治家の判断とはこんなものではないでしょうか。そうした大きな組織では、誰にどの役を任せるかでほとんど決定は済んでいるのではないでしょうか。人事がすべてということです。）こうした「よきに計らえ」という感じの自己決定ができるには、会議に出ること、そして発言すべきときには発言することがあらかじめ伝えられていないといけませんし、その発言内容は普段の接触ややりとりの中で伝えられていないといけないはずです。熊谷はこう結論します。

自己決定論と手足論の両立は、まずその当事者がどのレベルに境界線を持っているかを介助者と共有することで実現する。そのために、境界線よりも下の、自動化された無意識の運動の領域を、普段からコーディネートし続けておく必要があるのである。そしてさらに重要なのは、自己決定（思考・障害者）が手足（運動・介助者）を完全に支配するのではなく、低階層の運動がボトムアップに高階層の思考に影響を与えることもあるということである。★57

私たちの身体とは、ある意味で自己決定を任せることのできる存在です。私たちは、普段の行動でかなりの部分を身体的な習慣に任せています。周囲の環境が身体を導く仕方にも任せています。私たちが朝起きて通勤するまでの行動の多くは、習慣的な行動に任せられています。寝ぼけ眼でもそれほど失敗しないのは、身体的に獲得された習慣に私たちが多くを依存しているからです。自分がどのように身体を動かして行動するかは、あたかも優秀な介助者に決定を預けるがごとくに、身体そのものが半自動的にやってくれます。

しかし、綾屋や東田の記述を見てみれば分かるように、自閉症の身体は安心して任せることのできる「介助者」と呼ぶには遠く、細かすぎるレベルでいちいち自己決定を自分に尋ねてくる、任せさせてくれない「本人の意識的自己決定を尊重しすぎの介助者」なのです。東田は、喉が渇いても、誰かが「飲む?」と声をかけてくれたり、他の人が飲んでいる姿を見たりしなければ、忘れたように飲む気が起きないと書いていました。★58 あるいは、東田は話をするときに独特のイントネーションや言葉遣いをしますが、その理由は、「気持ちは別の言葉を想像しているのに、口から出ていく言葉は違う場合、その違う言葉を使ってしか僕は話すことができない」からです。★59 思わず口から出てしまう言葉とは、よく使っている言葉とか、何かのきっかけで印象に残ってしまっている言葉だと言います。突然に視覚的記憶が本人の意図とは独立に思い出される現象は「フラッシュバック」と呼ばれて知られていますが、これの音声版だと考えてよいのかもしれません。健常と呼ばれる人の身体は、安心して任せられる一種の自動性を多くの場面で発揮できます。他方で、以上の現象を見ると、東田の身体は制御できない身体であり、任せられない身体と言えるでしょう。したがって、それは、自分の身体運動を意識的に決定したり修正したりすることを過剰に頻繁に強いてくる身体なのです。

これでお分かりだと思います。表現の援助をするときにも、ちょうどある程度レベルを任せられる介助者にならないといけないのではないでしょうか。東田はうまく思ったことは話せずに、思わぬことを口にしてしまう。普通に返事をするだけでも「はい」と「いいえ」を間違えてしまうことがあると言います。[★60] 東田は、自分の身体の制御の難しさをこう述べています。

僕は、プレゼントをもらっても「いらない」と言って、相手をがっかりさせてしまうことがありました。プレゼントが嫌なのではなく、つい、そう言ってしまうのです。おかしいと思われるかもしれませんが、それが僕の「ありがとうございます」だからです。なぜなら「ありがとう」と言いたくても、僕の口から出てこないのです。そして、代わりに出る言葉は「いらない」でした。どうして、そんなことになったのかというと「ありがとう」が言えなかった小さい頃、周りの大人が僕にプレゼントを見せながら「これは『いるの?』『いらないの?』」と、聞いていたからです。僕は、そんな簡単な質問にさえ返事ができず、後に聞いた方の言葉だけが記憶に残り『いらない』と答えていました。…プレゼントをもらって嬉しくない子どもはいません。「いるの?」「いらないの?」などと聞かず「ありがとう」という言葉だけ教えてもらいたかったです。[★61]

ある状況で、私たちはどうして「ありがとうございます」と言うことができるのでしょうか。私たちは、その言葉をほぼ自動的に習得したかのように思います。私たちが、適切に話していること、少なくとも、とくに問題なく人間関係を進めるように言葉によるやりとりができること。こうしたことはじつは、とても不思議なことなのではないでしょうか。東田においては、小さな頃、プレゼントが

「いるの？」「いらないの？」と自己決定を問われた機会と、プレゼントのお礼を言おうとして、うまく言葉が見つからない場面が重なり合っています。東田の中で何らかの自動的反応や習慣性が形成されるべきときに、自己決定による選択という意識的にすべき判断が介入し、その自動性や習慣性の形成を妨げたとは考えられないでしょうか。東田は、「みんなはすごいスピードで話します。頭で考えて、言葉が口から出るまでがほんの一瞬です。それが、僕たちにはとても不思議なのです」と述べます★62。健常者は、話しているときには自動的に言葉が紡がれていきます。言葉選びに慎重になったり、相手への効果を考えたり、話題を切り替えたりするときに私たちは言いよどみ、ときに沈黙するのです。

このように考えた場合には、自閉症のある子どもや重度の重複障害児の援助者は、ちょうど先ほどの筋萎縮性側索硬化症患者の介護者のように、「よきに計らう」ような当事者の表現の支援をしなければならないのかもしれません。すなわち、子どもの援助者は、子どもが障害のために持ち得ないでいる、習慣を持った身体のようになる必要があるのではないでしょうか。そして、それが可能になるためには、普段、その子どもと密接なコミュニケーションをとる必要があるはずです。援助者は、子どもが何を欲していて、何を訴えたくて、何が大切で、何がどうでもよいのか、何が他人に委ねられるのかを知る必要があるはずです。

表現の支援をこのように捉えたときには、「その表現は子どもにオーサーシップがあるのか」といった表現を単純に個人に帰属させがちな疑問や、「親が満足していればそれでよい」とかいった本人不在の考え方はとれないはずです。子どもの自律性を重んじるべきことは本書で何度も繰り返して主張してきました。本人の意図から外れて、介助者や援助者が本人のものであるかのように表現することは厳に慎まねばなりませんし、本人の表現を乗っ取ることは人権上の問題でもあります。しかしこれまで見てきたように、優れた援助であるためには、子どもの意図がどのレベルで働いているか、子どもは自己決定をどのレベルで行うことを望んでいるのかが問題となるはずです。優れた表現援助では、援助者の援助が適切でなければ本人がそれを拒否できなければなりませんし、本人が別の方向性を求めているならば、それを示唆するやりとりが必要とされます。そして、そうした援助ができるには、先のALS患者とその介護者の関係のように、援助者と本人とが、考え方や振る舞いのあり方を双方向的なやりとりで十分にコミュニケーションしている必要があります。以上のような意味で、子どもと援助者は共同で表現し、共同で自己決定しているのであり、その共同性の経験を通じて子どもは成長するのではないでしょうか。

第六章 インクルージョンと当事者研究

なぜ、私は障害に関心を持ち続けるのか？

本章では、これまでの議論をまとめながら、障害のある子どもの教育に必要とされる政策について論じたいと思います。なぜ、私は「障害」と呼ばれる問題に関心を持ち続けているのでしょうか。それには、いくつかの理由があります。

ひとつは障害という現象が、人間存在の現象のあり方として興味深いからです。運動障害の人の身体の動きであれば、それがどういうメカニズムや原因によって生じるのか、実際に自分がそうなったときはどういう感じがするのか、それらを知りたいという関心です。発達障害に関しても、それがどういう状態なのか、どうして特徴的な振る舞いをするのか、それを知りたいと思うのです。生身の人間を知的探求の対象とすることは、大変に失礼かもしれません。しかし、いかなる人間のあり方も、人間という可能性のひとつの実現に思われます。障害という人間のあり方もそのひとつであり、それを理解したいと思うのです。

障害者に対する不公平（1）：インクルージョン

もうひとつは、社会の障害のある人に対する不公平な扱いに対する憤りからです。私が憤りを覚える不公平さには、二つの種類があります。

ひとつは障害のある子どもや人が排除されているという現実です。差別というのは論外なことですが、これについては本書では言及しないことにします。私が問題にしたい排除とは、障害のある人が公的な領域から排除されがちなことです。

西牧が指摘しているように、日本の戦後の福祉政策は、たとえば、一九七九年の閣議決定「新経済社会7カ年計画」などに表れているように、まず自助努力があって、それが無理になったときに近隣社会の連帯が支え、最後の手段に公的保障があるといった発想に基づいています。近年まで、障害を持った人は家族が介助し、それが限界になったときに入所施設に入れることが期待されていました。[★1]

こうした考え方では、国家は国民個々人を扶助する機関だとは理解されていません。個々人の生命を維持し介助するケアは、家族が担うものとされています。とくにその役割は一方的に女性に託されてきました。本来、近代国家においては、日本国憲法第二五条が言う「健康で文化的な最低限度の生活を営む権利」、すなわち、生存権を保証するのは国家です。福祉は、市民権ないし公民権を有する個人が国家から受けるべき保障です。近代国家は、主権者たる国民の同意によって形成された契約国家です。近代国家の目的は、国民の生命と財産、自由の保障にあります。つまり、近代国家は包括的な保険会社のようなものなのです。

しなしながら、日本国憲法にも書かれているこうした近代国家の原理は、日本人によってまだ十分に理解されていません。一九九五年（平成七年）の社会保障制度審議会「社会保障体制の再構築」（九五年勧告）の第一章社会保障の基本的考え方では、「『思いやり』すなわち『福祉の心』や共生と連帯の考えを国民の中に育てていくためには、長期的な視点に立って取り組まねばならない。一人一人の自発性を尊重しながら、家庭内での教育を基本とし、学校、企業、地域など様々な場を通じて社会連帯意識の醸成や福祉教育の推進を図ることが重要である」と述べられています。[★2]

この九五年勧告では「社会連帯」という表現がいたるところに見られます。九五年勧告の言う「社会連帯」とは人間社会における「相互扶助」「協同関係」のことを言うのだそうですが、この勧告では、社会連帯が国民に求められる「思いやり」や「福祉の心」といった心情によって支えられるべきだと述べています。九五年勧告が多くの批判を浴びたのは、それが国民に連帯や助け合いを求めるばかりで、福祉に対する国家の責任を回避の姿勢が見え隠れするからです。国家の義務であるはずの個人の扶助が、家庭、学校、企業、地域に押しつけられているのです。

福祉は、人権に対応した国家の完全義務（為さねばならない義務）です。その福祉が、「思いやり」や「福祉の心」によって為される善行（不完全義務）の一種として捉えられています。そうしたときには、人々は「かわいそう」「気の毒」という憐れみや同情によって障害者や障害児を扱うようになるでしょう。すると、当事者が正当な権利に基づいた要求をしても、「何だ、生意気な」「せっかく助けてやっているのに」「贅沢言うな」といった恩着せがましい態度へと転じることでしょう。

日本では、障害のある人たちへのケアは、国家が担う公的な扶助としてではなく、家庭や親密な人々が担う私的な扶助として捉えられています。国家は、私的領域の上位にある存在だと信じられているかのようです。国家は個々人の人権を守るために作られたということが理解されなければ、障害のある人たちは私的領域でケアされるべき私的な存在とされてしまうでしょう。障害のある人が公的な領域から排除されないようにするには、近代国家の原則の理解が不可欠なのです。

それゆえ、障害のある子どもを普通学級へと包括して教育する（インクルーシブ教育）はさらに推進させるべきです。たしかに、二〇一一年の「障害者基本法の一部を改訂する法律の公布・施行について〈通知〉」では、インクルージョンの理念をよりいっそう明確に踏まえた「インクルーシブ教育システム」の構築を目指してはいます。ですが、いまだに法制度上は、分離教育が基本となっています。国連の「障害者の権利に関する条約」（外務省仮訳）の第二十四条教育では、「障害者が自由な社会に効果的に参加することを可能とすること」、「障害者が障害を理由として教育制度一般から排除されないこと」、「学問的及び社会的な発達を最大にする環境において、完全な包容という目標に合致する効果的で個別化された支援措置がとられることを確保すること」が謳われています。障害のある人や子どもを社会に包摂し、そのために、社会の仕組みを変えていくことは、国家の側の義務です。

障害者に対する不公平（2）：個別化した平等

もうひとつの不公平さとは、すでに繰り返して主張してきましたが、障害のある子どもの特性を無視して、標準型を押しつけようとする悪しき均質性のことです。このことは、自閉症がスペクトラムであることを考えると重大な意味を持ちます。どこの学校にも「自閉傾向」の児童生徒がいるはずですが、彼ら彼女らにも標準形に合わせるように求められているはずだからです。

私自身も教育という制度に、どこか窮屈なものを感じてきました。日本の学校では、何かの標準の型にはめることを平等として捉える傾向があります。★3 たしかに、教育は平等でなければなりません。しかし、教育の平等とは何の平等を目指しているのでしょうか。先にノディングスを参照しながら述べたように、「同じものを同じ量、与える」、すなわち、「等質等量の付与」という意味での平等は、個々人が異なった特性を持っている限り、決して平等とはなりえません。この原理が教育に当てはめられた場合には、実際にはまったく不平等なものになってしまいます。

教育社会学者の刈谷の研究は、戦後の日本の教育界において、「等質等量の付与」が、機会の均等と同一視されていたことを明らかにしています。刈谷は次のように指摘します。

なるほど、アメリカにおいても当初の議論では、「州内のどの子どもたちに対しても等しい教育施設を画一的（uniform）に保障しようと努めなければならない」との主張が見られた。だがその後は、教育の個人化の思潮とも相まって個人間の差異を前提に多様な教育を通じた教育機会の平等という考え方へと連なっていくようになる。それに比べ、すでに一九五〇年代に至った時点でも、日本の教育行財政の責任者が念頭に置いていた「教育の機会均等」の保障は、アメリカでいえば一時代前の「等しい教育施設を画一的（uniform）に保証」するというロジックにとどまっていたのである。★4

アメリカは戦後すぐに、画一的な教育法をやめ、子どもの個別の特性に合わせた教育を採用しました。子どもが学校の提示する標準形に合わせるのではなく、個々の子どもにニーズに学校が合わせるのが、「児童中心」の教育と呼ばれるものです。この考え方は、ウィリアム・ジェームズの弟子であり、デューイの指導教授であったスタンレー・ホールによって一九三〇年代に提起されました。これと同じ時期に、デューイとキルパトリックが、一人一人が自ら学ぶプロジェクト法の教育（日本の「総合的学習」のモデル）を開発しました。児童中心主義という考え方は、子どもが求めるものを何でも与えるということではなく、学習意図の形成に学習者自身を参加させることです。つまり、子どもが自分で学習する計画を立てて学んでいく、教師はそれを支援するということです。アメリカは、この三〇年代に成立した考え方を、第二次世界大戦後に広い範囲で実現していきました。

しかし、現在は二〇一〇年代半ばです。戦後七十年を経て、まだ日本ではこの段階に至っていません。刈谷によれば、戦後の日本は、アメリカなどの先進国が実現していった個人を単位にして資源配分を考える「ひとり当たり（パーヘッド）の平等」ではなく、学級や地域といった集団を単位に資源配分を考える「面の平等」を採用しました。戦後日本教育の設計者たちは、本当はアメリカ的な仕組みを導入したいと考えていたのですが、当時の厳しい財政事情がそれを許さなかったのです。そこでやむなく、日本のそれぞれの地域が資源を平等に配分される面の平等を選択したわけです。

ただし、この面の平等は、地域格差の是正には有効に働きました。それゆえに、各地域は文部省の面の平等を歓迎したのです。面の平等は国家・文部省からの強制というよりは、それぞれの地域で積極的に受け入れられました。画一教育は、権威からの押しつけではなく、地域格差をなくすという地方の人々の積極的な受容の結果でもありました。こうして、教育の機会均等は、全国規模での教育の標準化と均質化と同一視されました。刈谷は、面の平等から生まれてきた学級を単位として教育する日本独特の教育テクノロジーは、「日本文化に根ざしたものと言うよりも、劣悪な条件のもとで学校的な秩序を維持するために開発されたもの」★5だと指摘します。正鵠を射た指摘です。

こうした面の平等を重視する教育政策は、児童生徒の能力の特性の違いを認めず、「みんな同じ」「みんな一緒」と考え方を生んでいきます。年齢と発達段階を結びつけた発達心理学は、それを支持する理論的基盤を与えたことでしょう。最終的に、個々の能力差や地域差、それぞれの子どもが置かれている状況を考慮せずに、同じ年齢の者は必ず同じ時期に同じ内容の学習を同じ教科書で学ばなければならないという考えになります。永山は教育現場からこう報告しています。十数年ほど前の本ですが、状況はどれほど変わったでしょうか。

だから、たとえば学校が少しでも子供には能力差があるのだというそぶりを見せると、その反発はそれはもうすごいものがありました。具体的にいうなら、公立義務教育で能力別の学級編成を行って算数や数学なんかを進めると（これは算数や数学を子供たちにきちんと理解してもらう、学校でできる最善の方法なのですが）、そういったあからさまな能力差別はよくない、といった苦情が必ず舞い込んだものでした。（略）とにかく能力差というものを塗りつぶして目立たなくさせるようなシステムをどんどん作り出しているのがいまの教育現場です。★6

こうした平等観は欺瞞的です。なぜなら、クラスの中ではあたかも児童生徒の能力がまったく均質であるかのように扱いながら、他方で、一定以上の重い障害のある子どもたちは普通学校や普通学級から引き離し、盲・ろうあ・養護学校などに分離して教育してきたからです。普通学校の内部だけで「学級の中はみんな平等」「みんな一緒」などと言うことは、ただ学級を画一化・均質化しているだけではなく、その背後で一部の子どもたちを排除し、一般社会に参加する権利を奪っています。むしろ、画一性を成立させるために、障害がある子どもを教室に入れられなかったのです。たしかに、この状況は、二〇一一年（平成二三年）八月施行の「障害者基本法の一部を改訂する法律」で変化したと言えるでしょう。その第一六条では、「障害者である児童及び生徒並びにその保護者に対し十分な情報の提供を行うとともに、可能な限りその意向を尊重」とされ、障害のあるお子さんは、基本的に、本人と保護者の意思で普通学級か特別支援学級かを選択できるようになりました。ここでは、障害のある子どもを普通学校・学級に包括する「インクルーシブ教育システム」の理念が踏まえられています。しかし残念なことに、法制度上は、いまだに分離教育が基本となっているのです。☆1

☆1：国連の「障害者の権利に関する条約」（外務省仮訳）の第二十四条教育では、「障害者が自由な社会に効果的に参加することを可能とすること」、「障害者が障害を理由として教育制度一般から排除されないこと」、「学問的及び社会的な発達を最大にする環境において、完全な包容という目標に合致する効果的で個別化された支援措置がとられることを確保すること」が謳われており、障害のある人が成人教育や生涯学習も含めて、インクルージョン教育制度の下に個人に必要とされる合理的配慮が提供されるべきことが指導されています。この合理的配慮の考えは、「障害者基本法の一部を改訂する法律」第四条に取り入れられています。

この教育平等観こそが、稲原の言う「アブジェクション」を生み出してきたのではないでしょうか。「普通」「正常」「模範」といった概念こそが、差別を生んできました。差異をないものとして人間を扱う態度は、目に付きやすい差異を持つ人々（障害を持った子ども、異なった人種や文化に育った子ども）を排除し、あたかも社会に存在しないかのように人間を透明化します。これは恐ろしく不道徳な制度です。「面の平等」なる制度は排除によって成り立ってきたのです。ちょうど「普通」をあまりに意識しすぎる個人が、「普通でない」人々を排除しようとすることによって自分のアイデンティティを確保するように、です。画一化・均質化する教育を、戦後の日本のやむを得ない流れだなどと言って、是認することはできません。

教育の平等

一九七〇年代以降のアメリカでは、一連の訴訟を通して、教育の平等とは、教育の充分性（adequacy）を意味するようになりました。[★7] ここでの「教育の充分性」とは、ある一定以上の教育水準をすべての子どもが充分に満たせるということです。教育哲学者のエイミー・ガットマンは、充分性保証の理論の代表者です。[★8]

ガットマンは次のように教育資源の分配を提案しています。第一に、有限である教育資源を社会の最も不遇な人々に厚く手当てし、あらゆる子どもが政治に参加するために必要な民主主義的水準に至るまで教育を保証する。第二に、それが保証された上で、メリットクラシー（能力主義）に準じた配分を認める、というものです。ガットマンは、充分性保証を、政治参加に必要な「民主主義的水準」に設定しています。つまり、子どもを等しく政治参加可能になるような水準まで教育することが、教育の平等の達成なのです。ガットマンは、経済稼得や就労ではなく、政治参加を教育の目標として重視しています。

彼女の考えによれば、教育の平等は、教育達成の平等（教育における結果の平等）であってはなりません。なぜなら、それは、教育達成の低い子どもに手厚い教育を補償することとなり、予算に上限がある以上、教育達成の比較的に高い子どもたちに対する教育がなおざりになってしまうからです。またもうひとつの理由としては、教育達成の平等化は、教育結果の多様性を育てる契機を奪ってしまいます。教育達成度がしばしば学力達成度として同一視される現状では、教育達成度を平等化することは、かえって、学力という一元的尺度で教育現場を画一化します。教育達成度は、社会における多様な価値のひとつにすぎません。学校が教える勉強よりも、友情を育むことや面白く遊ぶことにきわめて堪能であるような子どもが育ってよいのです。平等とは、人間の多様性と当事者の自由を前提としたものでなければ、むしろ人を抑圧してしまうでしょう。

そこで、ガットマンは、誰にでも保証すべき教育的水準として、民主的な意思決定に参加できることを求めます。不遇な人々にただ生活に必要な基本財を供給しているだけでは、その人たちの自尊感情は満足しないでしょう。教育の価値は経済的効率と社会的福利という尺度だけで計られてはなりません。誰でもが自分の社会の文化を享受できるようになり、社会の出来事に参加できるようになり、そのようにして各人が自尊の確たる感覚を持つことができるようになることが必要なのです。これは最も重要なクオリティー・オブ・ライフではないでしょうか。

子どものケイパビリティを開発することが教育の目的であるとするならば、平等な教育とは、誰もが社会の一員として政治参加できるようにケイパビリティを開発することにあると、私は思います。私たちが、障害のある子どもたちの教育において、コミュニケーション能力を最も重視してきたのも、同じ理由からです。障害を持った子どもを通常の学級で教育するインクルーシブ教育は、そうした社会参加のための重要な準備であるように思います。それは、障害のある子どもの準備であると同時に、普通学級で学ぶいわゆる健常な子どもたちにとってもそうなのです。インクルーシブ教育は、子どもに人間の多様性と可能性を理解させる契機となるでしょう。

このように考えたときには、障害のある子どもを通常の学級で教育するには、その学校そのもの、学級そのものをインクルーシブな社会としなければならないはずです。学校は社会と同じ形をしていなければなりません。それは、誰もが包括され、誰もが参画する民主主義的な社会でなければなりません。そこのメンバーは既存の知識をただ獲得するのではなく、集団で真理を追求し、それを基礎にした社会を構成しなければならなりません。学校は、実社会と同じく、真理を探究する民主主義的な共同体であるべきです。子どもは自分で学ぶことを計画し、自ら計画を実行し、そうした共同体を形成し発展させ、先生はそれを支援し、促します。そこでは、どの子どもも、障害なるものがあろうがなかろうが、自分をひとりの当事者として、クオリティー・オブ・ライフの向上を追求します。その個々のクオリティー・オブ・ライフを支え、そのためのケイパビリティの開発を促すような学校（すなわち、社会）を子どもたち自身で作り出すことを、学校において学ばせるべきです。

当事者研究の重要性、生態学的現象学の意義

さて最後に、当事者研究の重要性をもう一度強調して本書を閉じたいと思います。本書でこれまで強調してきたのは以下のことです。

- 教育は、本人が望むよりよい生活のあり方、すなわち、よりよいクオリティー・オブ・ライフを子どもが自律的に追求する過程を支援すべきものである。
- 発達とは、よりよいクオリティー・オブ・ライフを実現するためのケイパビリティの開発のことであり、教育とはそれを促し、手伝うものである。
- ケイパビリティとは、環境と当人との生態学的関係の中で成り立つ行為可能性のことである。生

態学的現象学は、この関係を分析するのに有効な方法論である。

- 発達とは、本人の内在的な性能の向上だけではなく、環境と自分との関係を変更できるように環境へ働きかけられるようになることも含まれる。
- 環境への働きかけは、しばしば社会環境の変更を要求することでもあり、そのために社会参加する必要がある。
- 社会参加のためのコミュニケーションの開発と支援は、教育にとって最重要の課題である。

障害の社会モデルは、障害がしばしば社会環境や制度によって作り出されたものであることを指摘しました。社会モデルは、障害者をどこまでも「治療」するべきだという医療モデルを批判しました。これまで本書では、医療や治療をモデルとした教育やリハビリが適切性を欠いている場合が多いことを指摘しました。また、倫理的に言うならば、社会はすべての市民を包括すべきであるのに、一定の人々を排除するような環境設定をしており、それは大変に不公平なことであり、差別だと言えます。社会モデルによれば、社会のマジョリティが設定した基準に適合できない個体が障害者と呼ばれてしまいます。社会モデルは、現在でも、もっと多くの人々に共有してもらいたい発想や考え方を含んでいます。

しかしながら、稲原が指摘するように、社会環境を変えることによって障害のある人のあらゆる問題や困難が解決するわけではありません。★9 たとえば、社会環境をどのように変更しても、脳性まひからくる不随意な運動や身体の痛みがとれるわけではありません。自閉症スペクトラムの感覚過敏や運動制御の不具合も、社会環境や人々の態度を変更することによってなくなる種類の特性ではありません。途中で視力を失った人の感じる不便は、社会制度を変更して対応するだけでは足りないかもしれません。障害と名づけられた特性の中には、社会環境や周囲の人々の態度に原因を帰属できないものもありますし、それらを変更することによっても解消できないものもあります。

もちろん、社会の側が配慮し、制度を拡充し、環境を包括的にすることを通して、障害のある人々が社会の中で生活する上での困難は減少します。建築におけるバリアフリー環境の整備は、車イスで移動する人にとっての利便を増やしましたし、筆記補助者を使うことによって聴覚や運動に障害のある人も大学で講義が受けられるようになりました。一般の人々の間で自閉症に関する知識や自閉症の人たちとの接し方が普及していくならば、自閉症者は現在よりも対人関係を築きやすくなるはずですし、心理的な二次障害も減ることでしょう。こうした社会環境のユニバーサル化はさらに進めるべきでしょう。熊谷が言うように、障害のある人たちの中にも、障害を内在化して考えてしまう傾向があり、社会モデルの重要性は繰り返して強調する必要があります。

生態学的現象学では、人間の能力はつねに環境中のアフォーダンスと対になって成立すると考えます。障害とは環境と自己のマッチングの問題なのですが、障害と呼ばれている特性の中には、制度の改善、社会環境の改変、周囲の人々の配慮などの外的な社会環境を変更するだけでは克服しがたい場合もあります。つまり、社会モデルの妥当性には限界があるように思われるのです。あるいは、社会モデルが主張するように、社会環境や制度や人々の態度が改善されるべきであるとしても、それを即座に最善の状態に変えることは実質的に困難です。社会環境をどのように変えればよいのかを認識し、その方法を検討するにも時間がかかります。障害はさまざまであり、その特性の把握も容易なものではありません。しかし、社会環境を改良するその間、障害を持った人の問題や困難、あるいは不便や不都合を放置しておくわけにはいかないのです。

それでは、社会モデル的な観点、すなわち、社会環境や制度の改善を公平性の観点から公的に訴えていく態度を維持しながらも、それでも障害のある人々が、自分を取り囲むさまざまな「苦労」に自分自身のほうから対処し、さらに、自分のケイパビリティを開発していくにはどうすればよいでしょうか。そのような障害のある人たちの自助と自己教育を支援するには、どのような教育が求められるのでしょうか。

私はここに当事者研究の重要な役割があると思います。当事者研究は二つの点で、とくに重要に思います。

第一に、医療による診断からスタートせずに、自分の問題（べてるの人たちは「苦労」と呼びます）から始めていることです。べてるの家の当事者研究では（しばしばユーモラスな）自己病名をつけます。自分の「疾患」や「症例」が何であるかは、（医学的診断を無視するのではないのですが、それとは独立に）自分で決定します。それは、自分が感じている自分の特徴や問題を名前として与えたもので、たとえば、「統合失調症悪魔型」「人間アレルギータイプの人格障害」といったようにです。

先に論じたように、障害のある子どもを、何々障害なのかと医療的に細かに診断したところで、本人の教育やリハビリテーションにはあまり意味がないことがあります。「元の状態に戻す」という意味での治療という概念そのものが、脳性まひや発達障害ではふさわしくないことも述べました。医療者から与えられる疾患名は医療者にとっての分類であり、医者の側から患者をどのように扱うかという範疇分けです。それは医療する側の観点からできています。また医療上の範疇分けがどれだけの妥当性を持っているのかは、医療者の間でも激しい論争があります。たとえば、DSM-5については、その診断基準や方法、精神の「異常」「正常」の線引きをめぐって大議論が巻き起こっています。[★10]私たちも先に、自閉症の定義について定説の問題点を指摘しました。医療的判断は絶対の真理ではなく、ましてや、自分の問題に自分でどのように対処すればよいかは医学が教えてくれるわけではないのです。

それに対して、当事者研究では自己病名をつけることによって、自分の抱えている問題を、専門家にとっての診断から自分にとっての問題として取り戻します。こうすることで、自分として当事者は自分の問題をどのように扱えばよいかという主体的な取り組みへの道が開かれます。当事者研究とは、まず何よりも、自己が何であり、自分の問題とは何であるかを考える自律的な認識の試みです。ここには、当事者が受け身なりがちな「障害受容」とは異なる、自己認識という積極的な出発点の定立があると言えるでしょう。

第二に、当事者研究において最も重視すべきなのが、ピアの存在です。ピアとは、もともと「同胞」「同僚」「仲間」という意味で、当事者研究の文脈では同じ種類の問題を抱える当事者のことを指します。先に論じたように、浦河の当事者研究では、同種の問題（「苦労」と表現される）を抱えた人たちが集まって自分の問題とその解決方法を検討しあいます。ここで言う「同種」の問題とは、医学的観点から同種の疾病のことではありません。当事者の観点から見て、似ていると判断される「苦労」のことです。医療的診断をないがしろにする必要はありませんが、同じような苦労を持つ人たちとの対話は、疾病や傷害の区別を超えて当事者にとってきわめて有意義です。端的に言って、その対処法が非常に参考になるのです。熊谷は、どのような特別支援教育のプログラムよりも、学校を卒業して出会った脳性まひの当事者たちのアドバイスがはるかに有効であり、自分の問題に対処するのに役立ったと言います。

また、これまで本論で見てきたように、綾屋と熊谷は、自分たちの身体のあり方、その知覚や運動のあり方を比較することで、それぞれの障害の特性をあぶり出しています。この二人の当事者研究はとてもユニークです。というのは、二人の障害は、医学上の定義としてはまったく共通性がないと見なされるからです。綾屋は自閉症スペクトラムと診断され、他方、熊谷は痙直型の脳性まひと診断されます。自閉症と脳性まひには、（両方を被っている人はいても）医学的にはまったく関係性がなく、独立した障害です。しかし彼女たちの研究は、両者の経験する世界の共通性と差異をある軸線上に位置づけ、興味深い比較になっています。こうして、医学上は異質で独立であるはずの障害を比較することによって、新たな自己認識の可能性が広がりました。ここにも、医療的分類とは異なる当事者研究の優位性が認められます。ピア・サポートは、専門家による援助よりもしばしば優れており、当事者の自立と自律を高める上で、大きな可能性を有しています。

ここから、障害のある子どもの教育に何が言えるでしょうか。まず、社会は、そして学校は、インクルージョンという基本理念を維持し、どのような子どもにもできる限りの社会参加と多様な他者とのコミュニケーションの機会を担保すべきです。社会をユニバーサル化することが社会の義務であり、それに協力するのが社会の成員一般の責務です。何より、社会改良は教育者の義務でもあります。

そしてその一方で、当事者同士が、とくに同じ「苦労」を持った当事者同士によって、あるいは、同じ「苦労」をしてきた先輩と後輩によって当事者研究を行う機会を教育の中に導入すべきであると提案したいと思います。

これまで本書では、当事者の視点から脳性まひと自閉症の二つの障害を論じてきました。当事者研究は、それまで専門家たちが見落としていた障害の特徴に光を当て、当事者の視点からしか見えなかった問題点を浮かび上がらせました。当事者研究は、当事者同士で自分の障害を比較することで、個々の当事者の抱えている困難の共通性と特殊性が見えてくるはずです。似たような問題を抱えている人たちからの示唆や意見は、障害の医学的診断とは別に、有効なアドバイスとなるはずです。

本論では、この当事者研究の教育への導入を、具体的にどのような方法で実践すべきかに関しては紙面が尽きて論じることができません。これからの課題となります。ですが、今後の障害のある子どもの教育は、他の教育一般と同じく、教える側から一方的に与えられる教示や訓練であってはいけません。それでは、ケイパビリティの開発としては十分な効果が期待できないからです。ケイパビリティの開発は、自分自身のクオリティー・オブ・ライフを自分で見つけだしていく過程から切り離せないため、教育の中にこれまで以上にもっと自発的な学びの契機が必要とされるのです。

障害のある子どもの教育でも同様です。教師を含めた専門家は、これからは当事者同士の共同的な問題解決の有効性にもっと目を向けるべきです。学校の中で、あるいは複数の学校をわたって、障害の当事者である児童生徒同士で話し合い、どのようにして自分たちのケイパビリティを開発できるのかを共同して「研究」してもらう過程を、特別支援教育の中に取り込むべきです。そして、そうした

「研究」の中から、自分が直面している問題の中で、どれが自分個人として対処すべき問題なのか、そして、どれが社会や周囲の人々に環境や制度などの改善を要求すべき問題なのかが、徐々に分かってくると思われます。

当事者研究は、基本的に現象学的な視点から経験を記述しています。そして、教師の側も、自分と児童生徒の関係を現象学的に記述してみると、教育するとは何であり、教育を受けるとは何であるかがより明確になるはずです。特別支援教育への現象学の導入に関しては、看護の現象学がよい模範になると思います。[★11]看護学は、医学という自然科学的で数量的な方法論をとる分野と密接に結びつきながらも、現象学の重要性に早くから気がついてきました。患者の語りによって病理体験を現象学的に記述する試みや、患者と看護師の関係を現象学的に記述する研究が、現在、興隆しつつあります。看護も、患者のクオリティー・オブ・ライフを考慮しなければ成り立たない分野です。教育学もケアを基本とする分野である限り、看護の現象学から学べるところはたくさんあります。こうして、障害のある子どものための教育は、現象学的な観点をとる当事者研究を重要な方法論としながら、児童生徒が自分のクオリティー・オブ・ライフを向上させるための学習を手伝うものであるべきです。そして、そうした児童生徒を包括するように社会に訴えかけ、社会を変えるように試みるのも、教育という事業の義務なのです。

謝辞

本論を書くに当たり、綾屋紗月氏、稲原美苗氏、熊谷晋一郎氏、笹本健氏、滝坂信一氏からご助言をいただきました。深く感謝いたします。内容に関しましては、すべて筆者の責任となります。また、本書を刊行する機会を与えてくださった北大路書房編集部の薄木敏之氏と若森乾也氏に深く感謝申し上げます。

また、本研究は、以下の日本学術振興会科学研究費補助金の成果の一環です。

基盤研究（B）24300293「精神医学の科学哲学―精神疾患概念の再検討―」

基盤研究（B）25284001-1（基）「「新しい」専門職の職業倫理・理論と実践の架橋を目指す領域横断型研究」

引用・参考文献

【はじめに】

★1：岩田誠、河村満　発達と脳―コミュニケーション・スキルの獲得過程　医学書院　2010

★2：ローナ・ウィング／久保紘章、佐々木正美、清水康夫（訳）　自閉症スペクトル―親と専門家のためのガイドブック　東京書籍　1998

★3：梅永雄二（編）　TEACCHプログラムに学ぶ自閉症の人の社会参加―地域で幸せに生きるために　学研教育出版　2010

★4：安住ゆう子、三島節子　教室・家庭でいますぐ使えるSST（ソーシャルスキルトレーニング）―楽しく学べる特別支援教育実践101　かもがわ出版　2009

★5：アニタ・C・バンディ、シェリー・J・レイン、エリザベス・A・マレー（編著）／岩永竜一郎ほか（共訳）　感覚統合とその実践　協同医書出版社　2006

★6：渥美義賢、坂爪一幸、坂口しおり、西牧謙吾「脳科学と特別支援教育の現在、未来―特別座談会」　月刊　実践障害児教育、427．2009　pp. 2-11：p. 8.

★7：熊谷晋一郎　リハビリの夜　医学書院　2009　pp. 66-67.

★8：熊谷、前掲書、2009　p. 67.

★9：たとえば、カレル・ボバース／寺沢幸一、梶浦一郎（監訳）　脳性麻痺の運動障害―評価と治療の考え方　原著第2版　医歯薬出版　1985

【第一章】

★1：エドムント・フッサール／細谷恒夫、木田元（訳）　ヨーロッパ諸学の危機と超越論的現象学　中央公論社　1974

★2：モーリス・メルロ＝ポンティ／竹内芳郎、小木貞孝（訳）　知覚の現象学1巻　みすず書房　1967　p. 232.

★3：ジェームズ・ギブソン／古崎敬ほか（訳）　生態学的視覚論―ヒトの知覚世界を探る　サイエンス社　1985

★4：ギブソン、前掲書　p. 152.

【第二章】

★1：アマルティア・セン／池本幸生、野上裕生、佐藤仁（訳） 不平等の再検討―潜在能力と自由 岩波書店 1999 p. 6.
★2：マーサ・ヌスバウム／池本幸生、田口さつき、坪井ひろみ（訳） 女性と人間開発 岩波書店 2005 pp. 902-95.
★3：セン、前掲書 1999 pp. 25-26.
★4：マイケル・コール／天野清（訳） 文化心理学―発達・認知・活動への文化―歴史的アプローチ 新曜社 2002 p. 143.
★5：コール、前掲書 2002 第7章
★6：バーバラ・ロゴフ／當眞千賀子（訳） 文化的営みとしての発達―個人、世代、コミュニティ 新曜社 2006 pp. 311-315.
★7：ロゴフ、前掲書 2006 p. 314.
★8：Jean Piaget 'Intellectual evolution from adolescence to adulthood.' *Human Development*, 15. 1972 pp. 1-12.
★9：フランソワ・ベゴドー／秋山研吉（訳） 教室へ 早川書房 2008
★10：コール、前掲書 2002 p. 143.
★11：三浦優生「自閉症を取り巻く文化的側面―心理学からのアプローチ」 金沢大学子どものこころの発達研究センター（監修） 自閉症という謎に迫る：研究最前線報告 小学館新書 2013
★12：Merleau-Ponty, M. *Merleau-Ponty à la Sorbonne*. Grenoble: Cynara 1988
★13：浜田寿美男 ピアジェとワロン：個的発想と類的発想 ミネルヴァ書房 1994
★14：レフ・ヴィゴツキー／柴田義松、宮坂琇子（訳） ヴィゴツキー教育心理学講義 新読書社 2005
★15：Thelen, E. & Smith, L.B. *A dynamic systems approach to the development of cognition and action*. MIT Press. 1994 p. xix.
★16：ミルトン・メイヤロフ／田村真、向野宣之（訳） ケアの本質―生きることの意味 ゆみる出版 1987 p. 13.

【第三章】

★1：ミシェル・フーコー／田村俶（訳） 監獄の誕生―監視と処罰 新潮社 1977
★2：ネル・ノディングズ／宮寺晃夫（訳） 教育の哲学―ソクラテスから「ケアリング」まで 世界思想社 2006 pp. 275-295.
★3：苅谷剛彦 教育と平等―大衆教育社会はいかに生成したか 中公新書 2009

★4：ノディングス、前掲書　2006　p. 293.
★5：ダグラス・ビクレン（編）／鈴木真帆（監訳）「自」に「閉」じこもらない自閉症者たち―「話せない」7人の自閉症者が指で綴った物語　エスコアール出版部　2009　第7章
★6：田島明子　障害受容再考―「障害受容」から「障害との自由」へ　三輪書店　2009
★7：エドワード・S・リード／細田直哉（訳）　アフォーダンスの心理学―生態心理学への道　新曜社　2000
★8：熊谷晋一郎「依存先の分散としての自立」　知の生態学的転回　第二巻　技術―身体をとりまく人工環境　東京大学出版会　2013　pp. 109-136.
★9：定藤丈弘「障害者福祉の基本思想としての自立生活理念」　定藤丈弘、岡本栄一、北野誠一（編）　自立生活の思想と展望―福祉のまちづくりと新しい地域福祉の創造をめざして　ミネルヴァ書房　1993　pp. 2-21.
★10：中西正司、上野千鶴子　当事者主権　岩波新書　2003　p. 3.
★11：ビクレン（編）／鈴木真帆（監訳）、前掲書　2009　p. 105.
★12：Hodges, Bert H. & Fowler, Carol A. 'New Affordances for Language: Distributed, Dynamical, and Dialogical Resources.' *Ecological Psychology*, 22.　2010　pp. 239-253.
★13：「重度・重複障害児の「書字・描画」能力を評価・促進する方法の開発に関する研究」 http://www.nise.go.jp/kenshuka/josa/kankobutsu/pub_f/F-103/F-103_hajimeni.html

【第四章】

★1：ポール・シルダー／稲永和豊（監修）　秋本辰雄、秋山俊夫（編訳）　身体の心理学　星和書店　1987　p. 112.
★2：モーリス・メルロ＝ポンティ／竹内芳郎、小木貞孝（訳）　知覚の現象学1巻　1967　p. 174.
★3：メルロ＝ポンティ、前掲書　pp. 175-176.
★4：G・E・M・アンスコム／菅豊彦（訳）　インテンション―実践知の考察　産業図書　1984
★5：成瀬悟策　動作訓練の理論―脳性まひ児のために　誠信書房　1985　p. 35.
★6：成瀬、前掲書　1985　p. 23.
★7：笹本健「身体・身体運動の教育的関わりについて―指導者の立場から」特別報告書　心身障害児の運動障害にみられる課題とその指導法に関する研究　平成7年3月　国立特殊教育総合研究所　p. 7.
★8：以下の著作を参考。熊谷晋一郎　リハビリの夜　医学書院　2009：綾屋紗月、熊谷晋一郎　つながりの作法―同じでもなく違うでもなく　日本放送出版協会　2010　pp. 44-47.
★9：熊谷、前掲書　2009　p. 164.
★10：綾屋、熊谷、前掲書　2010　pp. 65-67.
★11：Inahara, Minae. *Abject Love: Undoing the Boundaries of Physical Disabilities.* VDM Verlag Dr. Müeller　2009
★12：Peckitt, Michael Gillan, Inahara, Minae, & Cole, Jonathan. 'Between Two Worlds; A Phenomenological Critique of the Medical and Social Models of Disability.' 石原孝二、稲原美苗（編）　共生のための障害の哲学―身体・語り・共同体をめぐって　UTCP Uehiro Booklet, No. 2.　2013　pp. 139-153.
★13：稲原美苗「障害とアブジェクション―「拒絶」と「受容」の狭間」石原孝二、稲原美苗（編）　共生のための障害の哲学―身体・語り・共同体をめぐって　UTCP Uehiro Booklet, No. 2.　2013　pp. 11-25.
★14：上田敏　リハビリテーションを考える―障害者の全人格的復権　青木書店　1983
★15：田島明子　障害受容再考―「障害受容」から「障害との自由」へ　三輪書店　2009
★16：南雲直二　障害受容―意味論からの問い　第二版　荘道社　1998
★17：南雲、前掲書、1998　p. 17.
★18：鯨岡峻「「接面」の観点から発達障害を再考する」発達、137.　2014　pp. 42-49.
★19：鯨岡、前掲書　2014　pp. 48-49.

【第五章】

★1：東田直樹　勇気はおいしいはず　小学館　2005：東田直樹　みんなの知らない海の音　朝日新聞社　2005：東田直樹　きらんきらん・赤い実　小学館　2006：東田直樹　カンスケとあかいはっぱ　交通新聞社　2006：東田直樹　自閉症の僕が跳びはねる理由―会話の出来ない中学生がつづる内なる心　エスコアール出版部　2007：東田直樹　ヘンテコリン　エスコアール出版部　2008：東田直樹　あるがままに自閉症です―東田直樹の見つめる世界　エスコアール出版部　2013：東田直樹、東田美紀　この地球（ほし）にすんでいる僕の仲間たちへ―12歳の僕が知っている自閉の世界　エスコアール出版部　2005
★2：石田暁（早稲田大学）、三嶋博之（早稲田大学）、河野哲也　自主シンポジウム「認知科学への生態学的アプローチから発達障害自閉症の知覚情報処理認知システムを問い直す――環境との相補性欠如　増え続ける触れないこどもたち――」　第20回日本発達心理学会　二〇〇九年三月二十三日（日本女子大学）

★3：浦河べてるの家　べてるの家の「非」援助論―そのままでいいと思えるための25章　医学書院　2002：浦河べてるの家　べてるの家の「当事者研究」　医学書院　2005　p.4.：向谷地生良　「べてるの家」から吹く風　いのちのことば社　2006：向谷地生良　技法以前―べてるの家のつくりかた　医学書院　2009参考

★4：河野哲也「当事者研究の優位性」石原孝二、河野哲也（編）当事者研究の研究　医学書院　2013

★5：テンプル・グランディン／中尾ゆかり（訳）自閉症の脳を読み解く―どのように考え、感じているのか　NHK出版　2014　p.103.

★6：橋本俊顕（編）自閉症スペクトラム―脳の形態と機能で理解する治療と診断社　2008　p.3.

★7：グランディン、前掲書　2014　p.85.

★8：橋本、前掲書、2008　p.84.

★9：Kanner, L. 'Autistic disturbances of affective contact.' *Nervous Child*, 2. 1943　pp. 217-250.

★10：以下の著作を参考。サイモン・バロン＝コーエン／長野敬、長畑正道、今野義孝（訳）自閉症とマインド・ブラインドネス　青土社　1997：Baron-Cohen, S., Leslie, A., & Frith, U. "Does the autistic child have a 'theory of mind'?" *Cognition*, 21. 1985　pp. 37-46：サイモン・バロン・コーエン、ヘレン・ターガー・フラスバーグ、ドナルド・J・コーエン（編著）／田原俊司（訳）心の理論―自閉症の視点から 上・下　八千代出版　1997

★11：以下の著作を参考。子安増生　心の理論―心を読む心の科学　岩波書店　2000：熊谷高幸　自閉症からのメッセージ　講談社　1993：杉山登志郎「自閉症と「心の理論」」中根晃（編）自閉症　日本評論社　1999：杉山登志郎「21世紀の自閉症研究の課題」自閉症スペクトラム研究1　2002　pp. 1-8.

★12：別府哲　自閉症幼児の他者理解　ナカニシヤ出版　2001：R・ピーター・ホブソン／木下孝司（監訳）自閉症と心の発達　学苑社　2000：河野哲也　環境に拡がる心―生態学的哲学の展望　勁草書房　2005：子安増生、木下孝司「〈心の理論〉研究の展望」心理学研究、68. 1997　pp. 51-67; Leuder, I., & Costall, A. (Eds.) *Theory & Psychology* (Special issue: Theory of Mind), 14. 2004：杉山登志郎「自閉症と「心の理論」」中根晃（編）自閉症　日本評論社　1999：杉山登志郎「21世紀の自閉症研究の課題」自閉症スペクトラム研究1、2002　pp. 1-8.

★13：Leudar, I., & Costall, A. (Eds.) *Against Theory of Mind.* New York: Palgrave Macmillan. 2009

★14：グランディン、前掲書　2014　p.105.

★15：De Jaegher, Hanne. 'Social understanding through direct perception? Yes, by interacting.' *Consciousness and Cognition*, 18. 2009　pp. 535-542; De Jaegher, H. & Di Paolo, E. 'Participatory Sense-Making: An enactive approach to social cognition.' *Phenomenology and the Cognitive Sciences*, 6.　2007　pp. 485-507; De Jaegher, Hanne, Di Paolo, Ezequiel & Gallagher, Shaun. 'Can social interaction constitute social cognition?' Trends in *Cognitive Sciences*, 14.　2010　pp. 441-447; Di Paolol, Ezequiel & De Jaegher, Hanne. 'The interactive brain hypothesis frontiers.' *Human Neuroscience*, 6.　2012　pp. 1-14; Di Paolo, E. A., Rohde, M., & De Jaegher, H. 'Horizons for the enactive mind: values, social interaction, and play.' In *Enaction: Towards a New Paradigm for Cognitive Science*. J. Stewart, O. Gapenne, & E. A. DiPaolo (Eds.) Cambridge, MA: MIT Press.　2010　pp. 33-87; Fuchs, Thomas & De Jaegher, Hanne. 'Enactive intersubjectivity: Participatory sense-making and mutual incorporation.' *Phenomenology and Cognitive Science*, 8.　2009　pp. 465-486; Gallagher, S. 'Inference or interaction: Social cognition without precursors.' *Philosophical Explorations*, 11.　2008　pp. 163-174; Gallagher, S. & Hutto, D. D. 'Understanding others through primary interaction and narrative practice.' In *The Shared Mind: Perspectives on Intersubjectivity*. Zlatev, J., et al. (Eds.), John Benjamins　2008; McGann, Marek & De Jaegher, Hanne. 'Self-other contingencies: Enacting social perception.' *Phenomenology and Cognitive Science*, 8.　2009　pp. 417-437.

★16：サイモン・バロン＝コーエン／水野薫、鳥居深雪、岡田智（訳）　自閉症スペクトラム入門：脳・心理から教育・治療までの最新知識　中央法規出版　2011　p. 122-123　2011　第5章

★17：バロン＝コーエン、前掲書　2011　pp. 102-103.

★18：綾屋、熊谷、前掲書　2010　p. 23.

★19：この自閉症に関する説明の詳細は、河野哲也「自閉症の知覚から分かること—障害とは何か、何が障害であることを命じるのか」　哲学の探求　第三八号　哲学若手研究者フォーラム発行　2011　pp. 7-25頁を参照のこと。

★20：綾屋、熊谷、前掲書　2010　p. 15.

★21：千住淳　自閉症スペクトラムとは何か—ひとの「関わり」の謎に挑む　ちくま新書　2014　pp. 111-114.

★22：綾屋、熊谷、前掲書　2010　p. 16.

★23：熊谷、前掲書　2009　p. 76.

★24：熊谷、綾屋、前掲書　2010　p. 73.

★25：東田直樹　あるがままに自閉症です—東田直樹の見つめる世界　エスコアール出版部　2013　p. 23.

★26：綾屋、熊谷、前掲書　2010　p. 37.

★27：東田直樹　自閉症の僕が跳びはねる理由—会話のできない中学生がつづる内なる心　エスコアール出版部　2007　p. 72.

★28：Shanker, S. 'The roots of mindblindness.' *Theory & Psychology*, 14. 2004 pp. 685–703.
★29：森口奈緒美 平行線―ある自閉症者の青春期の回想 ブレーン出版 2002 p. 207.
★30：綾屋、熊谷、前掲書 2010 p. 102.
★31：サイモン・バロン＝コーエン／長野敬、長畑正道、今野義孝（訳） 自閉症とマインド・ブラインドネス 青土社 1997
★32：東田、前掲書 2013 pp. 18–19.
★33：グランディン、前掲書 2014 p. 126.
★34：グランディン、前掲書 2014 p. 126.
★35：ウタ・フリス／冨田真紀（訳） 自閉症とアスペルガー症候群 東京書籍 1994：ウタ・フリス／冨田真紀、清水康夫（訳） 自閉症の謎を解き明かす（新訂） 東京書籍 2009
★36：ドナ・ウィリアムズ／河野万里子（訳） 自閉症だったわたしへ 新潮社 1993：ドナ・ウィリアムズ／河野万里子（訳） こころという名の贈り物：続・自閉症だったわたしへ 新潮社 1996：ドナ・ウィリアムズ／門脇陽子、森田由美（訳） ドナ・ウィリアムズの自閉症の豊かな世界 明石書店 2008：テンプル・グランディン、マーガレット・M・スカリアノ／カニングハム久子（訳） 我、自閉症に生まれて 学習研究社 1994：テンプル・グランディン／カニングハム久子（訳） 自閉症の才能開発：自閉症と天才をつなぐ環 学習研究社 1997：テンプル・グランディン／中尾ゆかり（訳） 自閉症感覚―かくれた能力を引きだす方法 日本放送出版協会 2010：テンプル・グランディン、ショーン・バロン／門脇陽子（訳） 自閉症スペクトラム障害のある人が才能をいかすための人間関係10のルール 明石書店 2009：テンプル・グランディン、キャサリン・ジョンソン／中尾ゆかり（訳） 動物感覚―アニマル・マインドを読み解く 日本放送出版協会 2006
★37：主に子どもによる当事者の経験を述べたものとして以下の著作を参考。グニラ・ガーランド／ニキリンコ（訳） ずっと「普通」になりたかった 花風社 2000：ケネス・ホール／野坂悦子（訳） ぼくのアスペルガー症候群―もっと知ってよ ぼくらのことを 東京書籍 2001：ウェンディ・ローソン／ニキリンコ（訳） 私の障害、私の個性。 花風社 2001：トーマス・A・マッキーン／ニキリンコ（訳） ぼくとクマと自閉症の仲間たち 花風社 2003：ジョン・エルダー・ロビソン／テーラー幸恵（訳） 眼を見なさい！アスペルガーとともに生きる 東京書籍 2009：ダニエル・タメット／古屋美登里（訳） ぼくには数字が風景に見える 講談社 2007：リアン・ホリデー ウィリー／ニキリンコ（訳） アスペルガー的人生 花風社 2002：リアン・ホリデー ウィリー／ニキリンコ（訳） 私と娘、

家族の中のアスペルガー―ほがらかにくらすための私たちのやりかた　明石書店　2007

★38：星空千手　わが家は自閉率40％―アスペルガー症候群親子は転んでもただでは起きぬ　中央法規　2007：岩永竜一郎、藤家寛子、ニキリンコ　続自閉っ子、こういう風にできてます！自立のための身体づくり　花風社　2008：岩永竜一郎、ニキリンコ、藤家寛子　続々自閉っ子、こういう風にできてます！自立のための環境づくり　花風社　2009：泉流星　地球生まれの異星人―自閉者として、日本に生きる　花風社　2003：小道モコ　あたし研究―自閉症スペクトラム～小道モコの場合　クリエイツかもがわ　2009：森口奈緒美　平行線―ある自閉症者の青春期の回想　ブレーン出版　2002：森口奈緒美　変光星―自閉の少女に見えていた世界　花風社　2004：ニキリンコ　俺ルール！自閉は急に止まれない　花風社　2005：ニキリンコ　スルーできない脳―自閉は情報の便秘です　生活書院　2008：ニキリンコ、藤家寛　自閉っ子、こういう風にできてます！　花風社　2004：ニキリンコ、仲本博子　自閉っ子、深読みしなけりゃうまくいく　花風社　2006：高森明　アスペルガー当事者が語る特別支援教育―スロー・ランナーのすすめ　金子書房　2007

★39：ＮＨＫプライム11「ようこそ私の世界へ『自閉症』ドナ・ウィリアムズ」　ＮＨＫ厚生文化事業団福祉ビデオライブラリー　コード02-95-02.

★40：テンプル・グランディン、キャサリン・ジョンソン／中尾ゆかり（訳）　動物感覚―アニマル・マインドを読み解く　日本放送出版協会　2006

★41：ニキリンコ、藤家寛　自閉っ子、こういう風にできてます！　花風社　2004

★42：高橋智、増渕美穂「アスペルガー症候群・高機能自閉症における「感覚過敏・鈍麻」の実態と支援に関する研究―本人へのニーズ調査から」　東京学芸大学紀要　総合教育科学系　59.　2008　pp. 287-310.　引用は p. 296.

★43：グランディン、前掲書　2014　p. 120.

★44：東田直樹　みんなの知らない海の音　2005　pp. 73-74.

★45：東田、前掲書　2013　p. 11.

★46：東田、前掲書　2013　p. 22.

★47：神野秀雄「Facilitated Communication の妥当性に関する研究（1）―障害児教育現場からのＦＣに関する報告の検討」　愛知教育大学研究報告　47.　1998　pp. 187-195.

★48：この部分のＦＣの発展と問題に関しては、中村尚樹　最重度の障害児たちが語りはじめるとき　草思社　2013を参考。

★49：Wheeler, D.L., Jacobson, J.W., Paglieri, R.A. & Schwartz, A.A. 'An experimental assessment of facilitated

communication.' *Mental Retardation*, 31. 1993 pp. 49-60.
★50：神野秀雄「自閉症とFacilitated Communication — Authorshipは誰か」愛知教育大学研究報告 45. 1996 pp. 187-195.
★51：Cardinal, D.N., Hanson, D., & Wakeham, J. 'Investigation of authorship in facilitated communication.' *Mental Retardation*, 34. 1996 pp. 231-242; Salomon Weiss, M.J., Wagner, S.H., & Bauman, M.L. 'A validation case study of Facilitated Communication.' *Mental Retardation*, 34. 1996 pp. 220-230.
★52：神野秀雄「自閉性障害に関する最近の講義ノート―①わが国の戦前の自閉症に関する文献 ②ＦＣ現象 ③解離性障害」治療教育学研究 29. 2009 pp. 1-12.
★53：以下の著作はＦＣによる記述によるものとされています。ラッセル・マーティン／吉田利子（訳） 自閉症児イアンの物語 草思社 1994：ビルガー・ゼリーン／平野卿子（訳） もう闇のなかにはいたくない―自閉症と闘う少年の日記 草思社 1999
★54：要田洋江は次の論文の中でＦＣの意義を社会学的に論じています。「重度「知的障害」者と呼ばれる人びとへのコミュニケーション支援に関する一研究―ファシリテイティド・コミュニケーション（筆談支援）利用者の社会的障壁」生活科学研究誌 7. 2008 pp. 71-101.
★55：熊谷晋一郎「自己決定論、手足論、自立概念の行為論的検討」 田島明子（編著）「存在を肯定する」作業療法へのまなざし―なぜ「作業は人を元気にする！」のか 三輪書店 2014
★56：熊谷、前掲書 2014 p. 21.
★57：熊谷、前掲書 2014 p. 22.
★58：東田、前掲書 2013 p. 23.
★59：東田、前掲書 2007 p. 24.
★60：東田、前掲書 2007 p. 28.
★61：東田、前掲書 2013 pp. 9-10.
★62：東田、前掲書 2007 p. 26.

【第六章】

★1：西牧謙吾（編） プロジェクト研究報告（平成16〜17年度）「個別の教育支援計画」の策定に関する実際的研究 独立

行政法人国立特殊教育総合研究所　2006　pp. 170-172.

★2：西牧、前掲書　2006　p. 170.

★3：河野哲也「教育の平等とは何か—ワークフェア、政治参加、ケイパビリティ、日本的平等」立教社会福祉研平等究（立教社会福祉研究所発行）31号　2012　pp. 15-28.

★4：刈谷剛彦　教育と平等—大衆教育社会はいかに生成したか　中公新書　2009　pp. 116-117.

★5：刈谷、前掲書　2009　p. 257.

★6：永山彦三郎　学校解体新書—世紀末教育現場カラノ報告　TBSブリタニカ　1999　pp. 125-126.

★7：Rebell, M. A. 'Poverty, Meaningful Educational Opportunity and the Necessary Role of the Courts.' *North Carolina Law Review*, 85. 2007 pp. 1467-1543.

★8：Gutmann, A. *Liberal equality*. Cambridge/New York: Cambridge University Press 1980; Gutmann, A. *Democratic education*. Princeton, N.J.: Princeton University Press. 1987

★9：稲原美苗「痛みの表現—身体化された主観性とコミュニケーション」現代思想（特集　痛むカラダ—当事者研究最前線）39. 2011 pp. 80-95.

★10：アレン・フランセス／大野裕（監修）青木創（訳）〈正常〉を救え　精神医学を混乱させるDSM-5への警告　講談社　2013: Paris, J. & Phillips, J. (Eds.) *Making the DSM-5: Concepts and Controversies*. Springer. 2013

★11：看護の現象学の重要な著作をいくつかあげておきます。パトリシア・ベナー／井部俊子（訳）ベナー看護論—初心者から達人へ（新訳版）医学書院　2005：パトリシア・ベナー、ジュディス・ルーベル／難波卓志（訳）現象学的人間論と看護　医学書院　1999：マレーヌ・ジチ・コーエン、リチャード・H・スティーヴス、ディヴィッド・L・カーン／大久保功子（訳）解釈学的現象学による看護研究—インタビュー事例を用いた実践ガイド（看護における質的研究）日本看護協会出版会　2005：マックス・ヴァン・マーネン／村井尚子（訳）生きられた経験の探究—人間科学がひらく感受性豊かな〈教育〉の世界　ゆみる出版　2011：西村ユミ　語りかける身体—看護ケアの現象学　ゆみる出版　2001：西村ユミ　看護師たちの現象学—協働実践の現場から　青土社　2014：ローズマリー・リゾ・パースィ／高橋照子（訳）パースィ看護理論—人間生成の現象学的探求　医学書院　2004：サンドラ・P・トーマス、ハワード・R・ポリオ／川原由佳里（監修）松本淳（訳）患者の声を聞く—現象学的アプローチによる看護の研究と実践（看護学名著シリーズ）エルゼビア・ジャパン　2006：S・カイ・トゥームズ／永見勇（訳）病いの意味—看護と患者理解のための現象学　日本看護協会出版会　2001

【著者紹介】

河野哲也（こうの・てつや）

1985年　慶應義塾大学文学部卒
立教大学文学部教育学科教授
主　　著　環境に拡がる心：生態学的哲学の展望　勁草書房　2005年
〈心〉はからだの外にある　NHKブックス2006年
善悪は実在するか アフォーダンスの倫理学　講談社選書メチエ　2007年
暴走する脳科学 哲学・倫理学からの批判的検討　光文社新書　2008年
意識は実在しない 心・知覚・自由　講談社選書メチエ　2011年
エコロジカル・セルフ（クロスロード・パーソナリティ・シリーズ）　ナカニシヤ出版　2011年
道徳を問いなおす リベラリズムと教育のゆくえ　ちくま新書　2011年
「こども哲学」で対話力と思考力を育てる　河出書房新社　2014年
境界の現象学 始原の海から流体の存在論へ　筑摩書房　2014年

現象学的身体論と特別支援教育
――インクルーシブ社会の哲学的探究――

2015年2月20日　初版第1刷印刷
2015年3月1日　初版第1刷発行

定価はカバーに表示
してあります。

著　者　　河　野　哲　也
発行所　　（株）北大路書房
〒603-8303　京都市北区紫野十二坊町12-8
電　話（075）431-0361（代）
ＦＡＸ（075）431-9393
振　替 01050-4-2083

©2015　印刷／製本　（株）創栄図書印刷
検印省略　落丁・乱丁本はお取り替え致します

ISBN978-4-7628-2887-4　Printed in Japan